IMMER EIN ASS IM ÄRMEL

Sinnvolle Lückenfüller für den Unterricht

Arthur Thömmes

60 Rätsel, Denkanstöße und Spielideen

Verlag an der Ruhr

Impressum

Titel

Immer ein Ass im Ärmel. Sinnvolle Lückenfüller für den Unterricht

60 Rätsel, Denkanstöße und Spielideen

Autor

Arthur Thömmes

Titelbildmotive und Motive im Innenteil

Fotolia.com: Spielkarten/Hand © bsd555, Icons © milosdizajn

Druck

Heenemann GmbH & Co. KG, Berlin, DE

Verlag an der Ruhr
Mülheim an der Ruhr
www.verlagruhr.de

Geeignet für die Klassen 5–10

ISBN 978-3-8346-4062-8

Inhaltsverzeichnis

Inhaltsverzeichnis

Rätsel und Ratespiele | 45

Lebenswissen | 63

Entspannung | 77

Inhaltsverzeichnis

Bewegung | 93

Kreatives | 113

Vorwort

Liebe Kollegen*,

im Schulalltag gibt es immer wieder kurze Sequenzen, die gefüllt werden müssen. Da sind etwa noch 10 Minuten nach einer Klassenarbeit übrig oder Sie benötigen kurz vor Ende des Unterrichts eine Idee zur Überbrückung. „Galgenmännchen“ ist dann häufig die Allzweck-Lösung für diese Situationen und so spielen Schüler seit Jahrzehnten dieses alte Buchstabenspiel.

Damit Sie in Zukunft auf ein größeres Repertoire zurückgreifen können, finden Sie in diesem kompakten Büchlein **60 Ideen**, um **unerwartete Lücken** im Unterrichtsalltag in der gesamten **Sekundarstufe I kreativ und unterhaltsam zu füllen**. Die Zeitspanne der Angebote umfasst jeweils **ca. 5–10 Minuten**. Die Ideen werden kurz und verständlich erklärt, für die wenigsten werden andere Materialien als dieses Buch benötigt (durch ✎ gekennzeichnet), sodass sie auch schnell zur Umsetzung kommen können. Und mit der handlichen Größe passt dieser kleine Fundus in jede Tasche.

Ich wünsche Ihnen und Ihren Schülern viel Erfolg und Spaß bei der Umsetzung!

Arthur Thömmes

---

* Aus Gründen der besseren Lesbarkeit haben wir in diesem Buch durchgehend die männliche Form verwendet. Natürlich sind damit auch immer Frauen und Mädchen gemeint, also Lehrerinnen, Schülerinnen etc.

Gedanken-experimente

Schulfach Glück

Darum geht's

In manchen Schulen haben einige ungewöhnliche Fächer Einzug gehalten: Schach, Golf oder Weinbau bereichern dort den Kanon. Hier entwickeln die Schüler weitere Ideen für neue Unterrichtsfächer.

So geht's

Erzählen Sie den Schülern vom Unterrichtsfach „Glück", das an einigen Schulen in Deutschland eingeführt wurde:

„Es gibt Schulen, in denen das Fach ‚Glück' unterrichtet wird. Die Schüler beschäftigen sich darin mit Themen, die ihnen dabei helfen sollen, sich körperlich und seelisch wohlzufühlen. So spielen sie mit einem Schauspieler Theater oder ein Motivationstrainer zeigt ihnen, wie man mit seinen Gefühlen umgehen kann. Auch Bewegung und kreatives Tun spielen eine große Rolle."

Fragen Sie die Schüler, welche Ideen sie für ein neues Schulfach haben und warum ihnen speziell dieses Fach wichtig wäre. Lassen Sie einige Schüler ihre Vorschläge für neue Fächer mit einer kurzen Begründung vorstellen.

Hinweis

Bei der Vorstellung ihrer Einfälle können die Schüler auch überlegen, in welche bereits existierenden Fächer ihre Ideen Eingang finden könnten.

Varianten

- ✗ In England wurde ein Ministerium gegen Einsamkeit eingeführt. Welche Vorschläge für ganz neue Ministerien haben die Schüler?
- ✗ Es gibt Berufe, die sich zunächst seltsam anhören, die aber tatsächlich existieren (z. B. den Kuschel-Therapeuten, der Menschen Streicheleinheiten auf Bestellung gibt). Welche Berufe, die es nicht gibt, die jedoch gebraucht würden, fallen den Schülern sonst noch ein?

2

Das fotografische Gedächtnis

Darum geht's

In unserer Fantasie stellen wir uns manchmal vor, über Fähigkeiten zu verfügen, die unser Leben einfacher machen. In dieser Übung versetzen sich die Schüler gedanklich in die Situation, ein fotografisches Gedächtnis zu besitzen.

So geht's

Lesen Sie den Schülern folgenden Text vor:

„Stell dir vor, du hast ein fotografisches Gedächtnis. Alles, was du liest und was du betrachtest, vergisst du nicht mehr. Du brauchst nicht mehr mühsam Vokabeln oder chemische Formeln zu lernen. Wie ein Foto ist alles, was du siehst und hörst, in deinem Gedächtnis festgeschrieben. Wie würde sich dein Leben ändern?"

Die Schüler erzählen sich gegenseitig ihre Gedanken.

Varianten

- „Stell dir vor, du hast plötzlich so viel Geld, dass du alles damit kaufen kannst. Was würdest du als Erstes machen?"
- „Stell dir vor, du könntest über übernatürliche Kräfte verfügen. Welche hättest du am liebsten und was würdest du damit tun?"
- „Stell dir vor, du kannst innerhalb kürzester Zeit eine neue Sprache lernen. Welche würdest du auswählen und warum?"

3

Philosophische Fundstücke

Darum geht's

Die Philosophie versucht, die Welt und das Leben verstehbarer zu machen. Doch mit vielen ihrer Aussagen muss man sich zunächst eine Weile auseinandersetzen, um sie richtig zu verstehen.

So geht's

Schreiben Sie den folgenden Satz an die Tafel:
Wer nichts weiß und weiß, dass er nichts weiß, weiß mehr als der, der nichts weiß und nicht weiß, dass er nichts weiß.

Erläutern Sie die Aufgabe:

„Dieser Satz geht zurück auf den Philosophen Sokrates. Denk zunächst einmal über die seltsame Formulierung nach. Welche tiefere Aussage steckt dahinter? Wie könnte sie für dich hilfreich sein?"

Forden Sie Ihre Schüler auf, den Satz mit eigenen Worten wiederzugeben. Dieser könnte z. B. lauten:

„Es ist hilfreich, wenn ich weiß, dass ich wenig Wissen habe." oder „Manchmal weiß man mehr, als man glaubt."

Variante

Wenn Sie etwas Zeit zur Vorbereitung haben, suchen Sie weitere Zitate und Aphorismen mit alternativen zentralen Aussagen heraus, z. B. von Seneca, Sokrates, Aristoteles oder aus der Gegenwart von Hans Urs von Balthasar, Paul-Michel Foucault u. a., und lassen Sie diese von den Schülern deuten und in ihre Lebenswelt übertragen.

Murphys Gesetz

Darum geht's

Ereignisse, die unangenehm oder negativ sind, fallen uns eher auf als positive Erlebnisse. Die Schüler finden Beispiele für Negativwahrnehmung in ihrem Alltag.

So geht's

Erläutern Sie den Schülern, was hinter dem Begriff „Murphys Gesetz" steckt:

„Murphys Gesetz hat seinen Ursprung in einem Experiment, an dem der US-amerikanische Ingenieur und Luftwaffenoffizier Edward A. Murphy teilnahm. Das sehr aufwändige Experiment ging schief, weil die Techniker die Sensoren falsch befestigt hatten. Seitdem wird der Ausspruch ‚Alles, was schiefgehen kann, geht auch schief' auf Murphy zurückgeführt."

Menschen beschreiben mit diesem Gesetz Situationen, in denen etwas nicht so läuft wie gewünscht. Hier sind einige Beispiele:

- ✗ Ein belegtes Brot fällt immer mit der Belagseite auf den Boden!
- ✗ Im Supermarkt geht es immer an den anderen Kassen schneller voran!
- ✗ Etwas, das kaputt ist, funktioniert plötzlich, wenn du es jemandem zeigen willst!
- ✗ Zahnschmerzen bekommt man immer am Wochenende!
- ✗ Technische Geräte gehen immer kurz nach Ablauf der Garantie kaputt!
- ✗ Wenn du heute etwas kaufst, gibt es dies am nächsten Tag garantiert billiger zu kaufen!
- ✗ Immer wenn du beide Hände voll bepackt hast, juckt die Nase!

Fordern Sie die Schüler dazu auf, weitere Beispiele für solche Situationen zu finden. Lassen Sie die Schüler überlegen: Steckt eine Wahrheit oder Regel hinter Murphys Gesetz oder ist alles dem Zufall geschuldet?

Wahr oder falsch?

Darum geht's

Um herauszufinden, ob ein Mensch die Wahrheit sagt oder lügt, kann eine gute Menschenkenntnis hilfreich sein. Die Schüler stellen Behauptungen über sich auf, die von den Mitschülern als wahr oder falsch eingestuft werden sollen.

So geht's

Führen Sie die Schüler in die folgende Übung ein:

„Ich will mit euch ein kleines Experiment durchführen, das zeigen soll, wie gut ihr euch gegenseitig kennt. Ich brauche einen Freiwilligen, der nach vorn kommt und den anderen drei Behauptungen über sich selbst erzählt. Eine davon muss falsch sein. Die Übrigen überlegen sich, welche der Behauptungen stimmen und welche gelogen ist."

Der erste Schüler macht seine drei Aussagen. Die anderen dürfen Vermutungen äußern, welche davon gelogen ist. Dabei ist es wichtig, dass diese begründet werden. Am Ende präsentiert der Vortragende die Lösung. Der nächste „Schwindler" kann das Spiel weiterführen.

Hinweis

Es ist hilfreich, wenn Sie zuerst zur Verdeutlichung selbst zwei Wahrheiten und eine Lüge präsentieren.

Varianten

- Die Anzahl der Lügen und Wahrheiten kann variiert werden.
- Um ein wenig Bewegung in die Übung zu bringen, können Sie drei Punkte im Klassenraum festlegen (z. B. drei Ecken), die für die drei Behauptungen stehen. Die Schüler stellen sich dann an dem Punkt auf, an dem sie die Lüge vermuten.

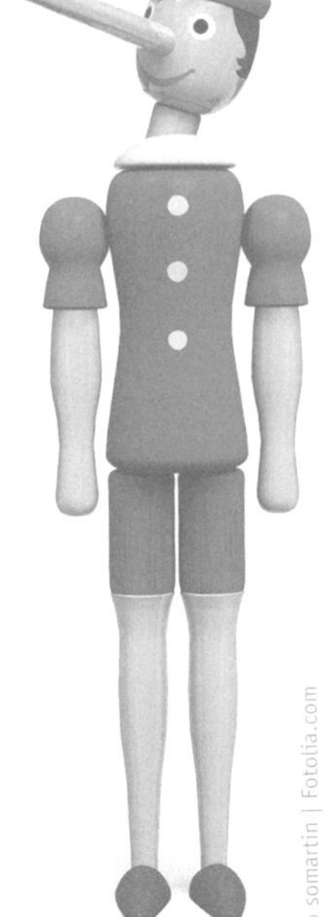

Stell dir vor ...

Darum geht's

Um unsere Persönlichkeit und unsere Charaktereigenschaften anderen gegenüber zu beschreiben, sind Bilder hilfreich. Die Schüler nutzen bildhafte Vergleiche, um sich selbst zu beschreiben.

So geht's

Erläutern Sie die Übung und deren Bedeutung:

> *„Andere Menschen sagen uns manchmal, wie sie uns wahrnehmen und wie wir sind. Das trifft gelegentlich zu, manchmal fühlen wir uns auch total falsch eingeschätzt. Wir wollen nun eine kleine Übung machen, bei der ihr versuchen sollt, euch mithilfe eines bildhaften Vergleiches zu beschreiben."*

Schreiben Sie die folgenden Sätze an die Tafel:

Stell dir vor, du wärst ein Tier.
Welches Tier wärst du?

Bei den Vergleichen ist besonders die Begründung der Schüler wichtig. Es geht nicht darum, wie ein bestimmtes Tier sein zu wollen, sondern mithilfe eines Tierbildes seine eigene Persönlichkeit zu veranschaulichen. Verdeutlichen Sie dies an sich selbst:

„Ich bin wie eine Schildkröte, denn ich bewege mich oft sehr langsam und bedächtig durch die Welt."

Bitten Sie die Schüler, nun selbst solche Vergleiche anzustellen. Geben Sie den Schülern ein wenig Zeit zum Nachdenken.

Variante

Es sind auch andere Vergleiche möglich: ein Auto, eine Farbe, ein Ort, eine Filmfigur, eine Blume, ein Musikinstrument, ein Gefühl …

7

Imaginationen

Darum geht's

Wir Menschen besitzen die schöne Fähigkeit, uns mit der Kraft unserer Gedanken in eine andere Welt zu versetzen. Die Schüler finden ihre eigene Bilderwelt und tauchen darin gedanklich ein.

So geht's

Erläutern Sie den Schülern die Übung:

„Wir Menschen verfügen über eine außergewöhnliche Gabe, die wir besonders als Kinder oft benutzen. Es geht um die Fähigkeit, uns mithilfe unserer Gedanken in eine ganz andere Welt zu versetzen. Um sie nicht zu verlernen, sollten wir die Fähigkeit oft nutzen, denn sie tut uns gut.
Bei der folgenden Übung lade ich dich ein, deine Fantasie zu nutzen, um dich aus diesem Klassenraum weg in eine andere Welt zu bewegen. Dazu solltest du deine Augen schließen und dich entspannen. Lass dich nun von deiner Fantasie an einen Ort tragen, an dem du dich wohlfühlst. Das kann eine einsame Insel sein oder der Ort, an dem du die letzten Ferien verbracht hast. Vielleicht denkst du auch an eine schöne Begegnung mit einem anderen Menschen."

Machen Sie an dieser Stelle eine kurze Pause, bevor Sie fortfahren:

> *„Versuch nun, deine Bilderwelt noch ein wenig auszuschmücken. Ist es dort warm oder kalt? Welche Farben kannst du sehen? Sind dort noch andere Menschen? Verweil in dieser Gedankenwelt und schau dich ein wenig um."*

Hinweise

- Lassen Sie den Schülern die Freiheit, ob sie an dieser Entspannungsübung teilnehmen möchten.
- Es ist auch möglich, mit offenen Augen seine Gedanken schweifen zu lassen.
- Wenn die Schüler es wollen und es die Zeit erlaubt, können sie auch kurz rückmelden, wie sie sich bei der Übung gefühlt haben. Achten Sie darauf, dass keine Diskussion beginnt. Die Schüler sollen ihre Bilderwelten nicht bewerten.

Konzentration und Gedächtnis

Logisch, oder?

Darum geht's

Denkaufgaben schulen Konzentration, Wahrnehmung und Auffassungsgabe und sind damit ein idealer und anregender Lückenfüller. Bei den hier vorgestellten Denkaufgaben müssen die Schüler genau hinschauen und kombinieren, um eine Lösung zu finden.

 Papier und Stift für jeden Schüler

So geht's

Malen Sie – je nach zur Verfügung stehender Zeit – eine oder mehrere der folgenden Denkaufgaben an die Tafel. Die Schüler können einzeln oder in Kleingruppen nach Lösungen suchen.

Denkaufgabe 1:
„Ihr seht 5 Quadrate. Nehmt 3 Striche weg und setzt sie an eine andere Stelle. So sollen 4 statt 5 Quadrate entstehen."

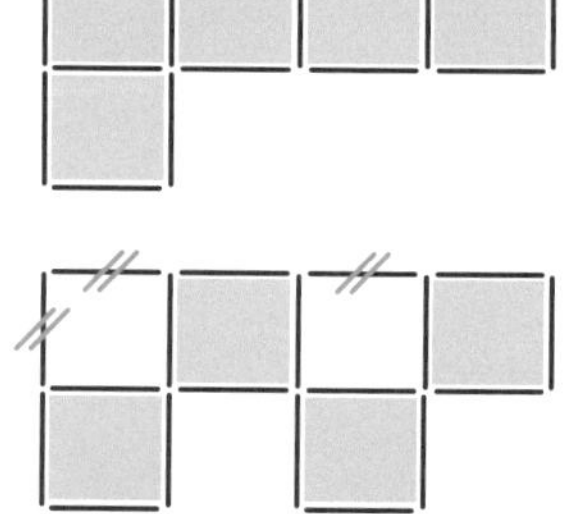

Lösung:

Denkaufgabe 2:
„Ihr seht 3 Dreiecke. Nehmt 2 Striche weg und setzt sie an eine andere Stelle. So sollen 4 anstatt 3 Dreiecke entstehen."

Lösung:

Denkaufgabe 3:
„Verbindet alle 9 Punkte mit 4 geraden Linien. Dabei dürft ihr den Stift nicht absetzen."

Lösung:

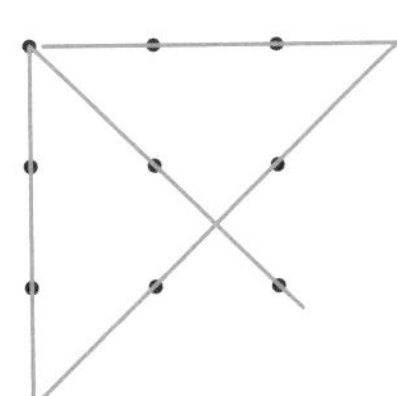

Gut aufgepasst!

Darum geht's

Das visuelle Kurzzeitgedächtnis spielt im Alltag eine wichtige Rolle. Auch für die unmittelbare Lebensrealität der Schüler ist es sinnvoll, dieses zu schulen. Bei dieser Gedächtnisübung müssen sich die Schüler möglichst viele Gegenstände merken.

Papier und Stift für jeden Schüler, ca. 10–14 Gegenstände für die Übung, etwas zum Abdecken (z. B. Jacke)

So geht's

Die Schüler legen 10–14 unterschiedliche Gegenstände aus ihrem Fundus (z. B. Uhr, Handy, Stift, Brotdose, Buch ...) auf einen leeren Tisch.

Erläutern Sie die Aufgabe:

„Schaut euch die Dinge genau an. Merkt euch so viele Gegenstände wie möglich."

Die Gegenstände werden zugedeckt. Jeder Schüler notiert alles, was er sich merken konnte. Für jeden richtig erinnerten

Gegenstand gibt es einen Punkt. Wer am Ende die meisten Punkte hat, ist der Sieger.

Varianten

- ✗ Die Gegenstände müssen in der Reihenfolge, in der sie abgelegt wurden, notiert werden.
- ✗ Neben dem Gegenstand muss auch der jeweilige Schüler genannt werden, der diesen beigesteuert hat.
- ✗ Anstelle von Gegenständen werden die entsprechenden Begriffe gut lesbar an der Tafel notiert und dann abgedeckt.
- ✗ Das Spiel „Ich packe meinen Koffer" ist für jüngere Schüler gut geeignet. Dabei packt jeder Schüler nach und nach einen neuen Gegenstand in den fiktiven Koffer und wiederholt dabei die bisher genannten. Schüler 1: „Ich packe meinen Koffer und nehme eine Jacke mit." Schüler 2: „Ich packe meinen Koffer und nehme eine Jacke und einen Regenschirm mit." usw.

10

Plumps!

Darum geht's

Eine kleine Lockerungs- und Konzentrationsübung bewirkt manchmal Wunder und hilft, sich wieder auf die nächste anstehende Aufgabe einzulassen. Mit dieser Übung sollen Konzentration und Merkfähigkeit der Schüler gefördert werden.

So geht's

Im Mittelpunkt des Spieles steht der Satz „Eine Gans mit zwei Beinen springt ins Wasser – plumps". Der Satz wird reihum aufgesagt. Dabei sagt jeder Schüler nur einen Teil (1. Schüler: „Eine Gans …", 2. Schüler: „… mit zwei Beinen …", 3. Schüler: „… springt ins Wasser …", 4. Schüler: „… plumps!").

Bei jeder neuen Runde erhöht sich die Zahl der Gänse und Beine und auch das „Plumps!" muss in der genannten Anzahl folgen. Jeder betreffende Schüler darf aber nur einmal „Plumps!" sagen. So sagen etwa bei acht Gänsen am Ende acht Schüler hintereinander „Plumps!". Wie weit bringt es die Klasse, bis jemand einen Fehler macht?

Varianten

- ✗ Zu jedem Satzteil wird eine entsprechende Bewegung gemacht, z. B.:
  - „Eine Gans …“: der Schüler flattert mit den Armen
  - „… mit zwei Beinen …“: nacheinander mit beiden Beinen stampfen
  - „… springt ins Wasser … “: einmal auf der Stelle hüpfen
  - „… plumps!“: hinsetzen
- ✗ Wenn Ihre Schüler das Spiel schon gut kennen und es für sie langweilig wird, lassen Sie sie eigene, ähnliche Sätze erfinden!

Werfen mit Köpfchen

Darum geht's

Diese Übung erfordert Konzentration und setzt die Schüler in Bewegung. Nach einer Klassenarbeit oder als sinnvolle Pause in anspruchsvollen Lerneinheiten gibt sie neuen Schwung. Die Schüler stehen in einem Kreis und werfen sich einen Gegenstand zu. Dabei müssen sie sich die Reihenfolge der Schüler merken, zu denen geworfen wird.

Wurfgegenstand (z. B. Mäppchen, Kreide, Dose, Ball etc.)

So geht's

Die Schüler stellen sich im Kreis auf. Ein Gegenstand, der sich gut zum Werfen eignet, wird ausgewählt. Werfen Sie den Gegenstand einem beliebigen Schüler zu, der ihn an den nächsten weiterwirft usw. Dabei darf kein Schüler den Gegenstand 2-mal bekommen, die Teilnehmer müssen sich also merken, wer den Gegenstand bereits hatte. Haben ihn alle Schüler einmal erhalten, nimmt er den gleichen Weg wieder zurück – die Schüler müssen sich also auch merken, von wem sie den Gegenstand in der ersten Runde zugeworfen bekommen haben!

Hinweis

Der Gegenstand sollte nicht zu klein und nicht zu groß sein. Auch sollte er zu keinen Verletzungen führen (z. B. durch scharfe Ecken oder Kanten).

Varianten

- ✗ Der Werfer blinzelt dem Fänger zu oder nennt seinen Namen, bevor er den Gegenstand wirft.
- ✗ Je nach Größe der Gruppe und dem Konzentrationsvermögen der Schüler macht parallel ein zweiter und dritter Gegenstand die Runde.

Zungenbrecher

Darum geht's

Zungenbrecher machen Spaß, weil sie so einfach erscheinen, aber es fast unmöglich ist, sie fehlerfrei auszusprechen. Die Schüler konzentrieren sich auf das möglichst schnelle Sprechen von Zungenbrechern.

So geht's

Schreiben Sie den folgenden Satz an die Tafel:

> *Die Bürsten mit schwarzen Borsten bürsten besser als die Bürsten mit weißen Borsten.* *

Bitten Sie einen Schüler, diesen Satz mehrmals hintereinander laut zu lesen. Nach einigen Versuchen anderer Schüler fordern Sie die Klasse auf, weitere Beispiele zu nennen, und schreiben diese ebenfalls an die Tafel. Nachdem alle eine Weile verschiedene Zungenbrecher ausprobiert haben, ermuntern Sie Ihre Schüler, herauszufinden, warum die Zungenbrecher so schwierig sind. Sicherlich werden sie bald auf die Lösung kommen: Einzelne Wörter und Silben klingen sehr ähnlich.

---

* Alle hier verwendeten Zungenbrecher aus: Macht auf das Tor! – Alte deutsche Kinderlieder, Reime, Scherze und Singspiele, zum Teil mit Melodien. Ausgewählt von Maria Kühn, Karl Robert Langwiesche, Königstein 1905, S. 134f.

Falls Ihren Schülern keine Zungenbrecher einfallen, hier noch ein paar weitere Beispiele:

- Esel essen Nesseln nicht, Nesseln essen Esel nicht.
- Hans hackt Holz hinterm Hirtenhaus.
- Fischers Fritz fischt frische Fische, frische Fische fischt Fischers Fritz.
- Der Sperber sprach: Was macht die Wachtel? Was fragst du, Sperber? sagt die Wachtel.
- Hinter Hermann Hannes Haus hängen hundert Hemden raus, hundert Hemden hängen raus hinter Hannes Hermanns Haus.
- Schneiderschere schneidet scharf, scharf schneidet Schneiderschere.

Hinweis

Falls es zeitlich möglich ist, können die Schüler eigene Zungenbrecher erfinden.

Variante

Fragen Sie Ihre Schüler, ob jemand Zungenbrecher in einer anderen Sprache kennt.

Braindumping

Darum geht's

Manchmal genügen einige Minuten, um ein wenig Ordnung in unser Gedankenchaos zu bringen. Diese Methode ist besonders geeignet, wenn Ihre Schüler gerade sehr unkonzentriert sind und Sie ihnen einen Weg zeigen wollen, den Kopf wieder frei zu bekommen.
Die Schüler notieren auf einem Blatt alles, was ihnen gerade durch den Sinn geht.

 Papier und Stift für jeden Schüler

So geht's

Erläutern Sie den Schülern die Übung:

> *„Wenn du dich nicht mehr konzentrieren kannst und unruhig bist, liegt das manchmal daran, dass der Kopf überfüllt ist mit Lernstoff, Sorgen, Ideen oder Gedanken. Bei der folgenden Übung geht es darum, den Kopf frei zu machen."*

Bitten Sie die Schüler, ein leeres Blatt Papier und einen Stift bereitzulegen, und erläutern Sie das weitere Vorgehen:

„Deine Aufgabe besteht nun darin, auf dem Blatt Papier alles zu notieren, was dir gerade im Kopf herumschwirrt: Gedanken, Gefühle, Ängste, Wünsche, Träume, Fragen, Probleme, Ziele … Dabei kannst du das Blatt so gestalten, wie du möchtest."

Lassen Sie die Schüler in Ruhe ihre Gedanken aufschreiben. Natürlich wollen die Schüler wissen, was sie mit dem beschriebenen Blatt anfangen sollen. Erläutern Sie, dass es sich um eine sehr persönliche Übung handelt und dass jeder sein Blatt mit nach Hause nehmen und es in Ruhe betrachten soll. Konkretes kann erledigt, Belastendes symbolisch weggeworfen, Wünsche in Ziele umformuliert werden.
Zeigen Sie am Ende nochmals kurz auf, worum es ging:

„Was man einmal schriftlich festgehalten hat, muss man nicht immer wieder denken. Dabei ist es egal, ob es Dinge sind, mit denen man sich zu einem anderen Zeitpunkt noch mal befassen möchte, oder ob man endgültig damit abschließt. Vielleicht hat die Übung bei dem ein oder anderen bewirkt, dass der Kopf wieder frei und offen für neue Gedanken geworden ist."

Morra

Darum geht's

Morra ist ein sehr altes Spiel, dessen Vorläufer bereits vor über 1 000 Jahren in Ägypten gespielt wurde. Heute ist es vor allem im Mittelmeerraum beliebt.
Zwei Schüler treten gegeneinander an und versuchen, die Taktik des jeweils anderen vorauszuahnen.

So geht's

Bitten Sie zwei Schüler nach vorn und erläutern Sie mit deren Hilfe die Spielregeln:

„Wir wollen nun ein altes Spiel spielen, das besonders in Italien und Spanien auch heute noch beliebt ist.
Dazu stellen sich zwei Spieler gegenüber und strecken eine Faust vor sich. Wenn ich ‚Los!' rufe, halten beide eine beliebige Anzahl ihrer Finger in die Höhe und rufen gleichzeitig eine Zahl. Dabei geht es darum, die Summe der Zahl zu erraten, die beide Spieler gemeinsam mit den Fingern anzeigen. Zum Beispiel hält Spieler 1 drei Finger hoch und ruft ‚8', Spieler 2 hält zwei Finger hoch und ruft ‚5', dann bekommt Spieler 2 einen Punkt. Wenn beide Spieler falsch raten, bekommt keiner einen Punkt. Das Spiel ist zu Ende, wenn ein Spieler 10 Punkte erreicht hat."

Nun bilden sich 2er-Gruppen und alle spielen gleichzeitig.

Hinweis

Achten Sie darauf, dass die Regeln von allen Schülern verstanden sind, bevor das Spiel beginnt.

Klassenraumskizze

Darum geht's

Die Schüler verbringen sehr viel Zeit in ihrem Klassenraum. Sie sollen sich ihren Klassenraum bewusst vergegenwärtigen und sich Gedanken darüber machen, dass man Gegenstände, von denen man täglich umgeben ist, kaum wahrnimmt.

 Papier und Stift für jeden Schüler

So geht's

Fordern Sie die Schüler auf, ein leeres Blatt Papier und einen Stift zu nehmen und vor sich zu legen.
Beschreiben Sie die Aufgabenstellung:

„Bei der folgenden Übung dürft ihr euren Blick nur auf das vor euch liegende Blatt Papier richten. Eure Aufgabe besteht darin, eine Skizze von diesem Klassenraum anzufertigen, ohne dabei den Raum anzuschauen. Versucht, aus dem Gedächtnis möglichst viele der hier vorhandenen Dinge zu zeichnen. Das können z. B. die Tafel, die Bänke mit Namen der dort sitzenden Mitschüler oder Plakate an den Wänden sein."

Nach Fertigstellung der Skizze kann jeder wieder aufblicken und sein Werk mit dem realen Klassenzimmer vergleichen. Das kann auch in Partnerarbeit geschehen.

Hinweis

Beobachten Sie, ob kein Schüler mogelt und einen Blick in den Klassenraum wirft. Überlassen Sie es Ihren Schülern, welche Perspektive sie wählen.

Varianten

- ✗ Jeder erstellt einen Sitzplan mit den Namen der Mitschüler. Diese Aufgabe ist hilfreich zum Kennenlernen, z. B. zu Beginn des Schuljahres.
- ✗ Die Skizze wird in Partnerarbeit erstellt und auf Richtigkeit überprüft.
- ✗ Vor Beginn der Übung dürfen alle noch einmal einen kurzen Rundumblick machen.
- ✗ Sie geben die Perspektive vor (z. B. Draufsicht).

16

Funkerspiel

Darum geht's

Dieses Spiel sorgt nicht nur garantiert für einige Lacher, sondern fördert durch die Kombination von Bewegung und Sprache auch die Konzentration. Die Schüler bewegen sich nach einem vorgegebenen Rhythmus und müssen gleichzeitig darauf achten, wann sie an der Reihe sind.

So geht's

Bitten Sie die Schüler, sich in einem Kreis aufzustellen, und üben Sie dann zunächst die Bewegungsabfolge ein. Sie besteht aus 4 Elementen:

1. Mit beiden Händen auf die Oberschenkel klatschen
2. In die Hände klatschen
3. Rechter Daumen über die rechte Schulter
4. Linker Daumen über die linke Schulter

Wenn die Abfolge der Bewegungen gut sitzt, ordnen Sie jedem Schüler eine Zahl zu (z. B. durch Abzählen) und erläutern Sie den weiteren Spielverlauf:

„Unser Spiel läuft immer fortlaufend in diesem Rhythmus ab. Die weitere Aufgabe besteht nun darin, dass wir uns gegenseitig anfunken. Dazu mache ich in Schritt 3 nicht nur

die Bewegung (rechter Daumen über rechte Schulter), sondern nenne zusätzlich meine eigene Zahl. In Schritt 4 mache ich die Bewegung (linker Daumen über linke Schulter) und nenne die Zahl der Person, die ich anfunken möchte. Diese Person ist als Nächstes dran und nennt dann in Schritt 3 ihre eigene Zahl und in Schritt 4 die der Person, die als Nächstes an der Reihe ist. Das Spiel kann beginnen!"

Hinweis

Das Spiel kann stehend, sitzend oder auf dem Boden sitzend ausgeführt werden.

Varianten

- ✗ Es ist auch möglich, statt der Zahlen die Namen zu nennen.
- ✗ Die Bewegungen 1 und 2 werden jeweils 2-mal ausgeführt, 3 und 4 jeweils einmal.
- ✗ Die Geschwindigkeit des Spieles wird nach und nach erhöht.
- ✗ Die Person, die die rhythmische Kette unterbricht oder einen Fehler macht, scheidet aus.

17

Assoziationskette

Darum geht's

Assoziationen sind unbewusste Verknüpfungen von Gedanken, Gefühlen und Ideen, die durch einen bestimmten Reiz ausgelöst werden können. Die Schüler reagieren spontan auf Begriffe, die ihre Mitschüler nennen, und trainieren dabei ihre Kreativität.

So geht's

Bitten Sie die Schüler, sich in einem Kreis aufzustellen bzw. zu setzen. Ein Schüler beginnt, indem er ein Wort seiner Wahl sagt (z. B. „Ferien"). Sein rechter Nachbar nennt spontan den ersten Begriff, der ihm zu dem Wort einfällt (z. B. „Strand"). Der nächste Mitschüler reagiert darauf mit einem neuen Wort. Das Spiel dreht sich immer weiter im Kreis, bis Sie es abbrechen.

Hinweise

Damit das Spiel gut funktioniert, sind einige Regeln hilfreich:

- ✗ Es wird nicht zu lange nachgedacht – es geht um unmittelbare Impulse!
- ✗ Es wird immer auf den vorangehenden Begriff Bezug genommen (z. B. „Sonne – Strand – Volleyball" und nicht „Sonne – Strand – Weltall").

- ✗ Abhängig von der Lerngruppe kann es ratsam sein, den Begiff „Assoziation“ zunächst zu erklären und das Nennen von vulgären Begriffen und Schimpfwörten zu verbieten.

Varianten

- ✗ Um neben der geistigen auch körperliche Bewegung ins Spiel zu bringen, werfen sich die Schüler während der Übung einen Gegenstand (z. B. Mäppchen, Kreide etc.) zu. Wer den Gegenstand fängt, muss das nächste Wort nennen.
- ✗ Die Schüler prägen sich die Reihenfolge der genannten Begriffe ein. Nach einigen Runden wird die Assoziationskette rückwärts gespielt und jeder nennt die Begriffe in umgekehrter Reihenfolge.
- ✗ Die Assoziation erfolgt in der Formulierung eines ganzen Satzes. Zum Beispiel sagt der erste Schüler: „Ich möchte gerne in den Urlaub fahren.“ Darauf könnte der nächste antworten: „Ich schwimme gerne im Meer“. Eventuell können die Schüler so sogar eine ganze Geschichte erzählen.

18

Meister der Zahlen

Darum geht's

Auch im Zeitalter der Smartphones und Taschenrechner ist Kopfrechnen ein gutes Training für den Alltag. Außerdem macht diese Übung einfach Spaß und sorgt für Abwechslung!

So geht's

Fordern Sie die Schüler auf, sich bequem hinzustellen. Erläutern Sie den Wettbewerb:

„Wir fangen bei 1 an und zählen dann der Reihe nach weiter. Bei Zahlen, die eine 7 enthalten oder durch 7 teilbar sind, sagen wir nicht die Zahl, sondern ‚Pssst!'. Wer einen Fehler macht, muss sich hinsetzen. Wer als Letzter noch steht, ist der Tagessieger."

Hinweis

Sie können natürlich alle Zahlenreihen nutzen. Um den Schwierigkeitsgrad zu erhöhen, sind außerdem Kombinationen von mehreren Zahlenreihen möglich.

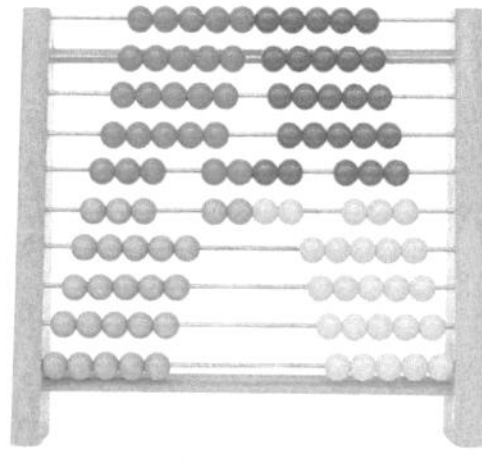

Rätsel und Ratespiele

Abkürzungen

Darum geht's

In den sozialen Netzwerken werden immer wieder neue Abkürzungen erfunden, um die Kommunikation schneller zu machen. Die Schüler berichten von ihren Erfahrungen mit Abkürzungen und erfinden selbst neue.

So geht's

Schreiben Sie eine Abkürzung an die Tafel. Die Schüler tauschen sich aus und benennen Lösungsmöglichkeiten. Achten Sie darauf, dass die von Ihnen gewählte Abkürzung nicht allzu geläufig ist, damit Ihre Schüler die richtige Lösung nicht sofort parat haben.

Fragen Sie Ihre Schüler, welche Abkürzungen sie kennen und benutzen. Im Anschluss fordern Sie die Schüler auf, eigene, möglichst kreative Abkürzungen zu erfinden.

Hinweis

Sollten Ihren Schülern keine oder nur wenige Abkürzungen einfallen, finden Sie hier ein paar Beispiele:

AKLA → Alles klar?
2g4u → Zu gut für dich! („Too good for you")
BVID → Bin verliebt in dich!
Fg → fieses Grinsen
4U → für dich
kB → Kein Bock!
GN8 → Gute Nacht!
Hdl → Hab dich lieb!
DN → Du nervst!
kA → Keine Ahnung.
t+ → Denk positiv! („Think positive!")

Schönen guten Tag!

Darum geht's

Wir begrüßen uns, wenn wir uns kennen oder miteinander bekannt gemacht werden. Manche reichen sich die Hand, andere nicken sich nur zu. Viele sagen einfach „Hallo".
In dieser Übung erkunden die Schüler Begrüßungsrituale.

So geht's

Geben Sie mehreren Schülern die Hand und achten Sie auf deren Reaktion. Erläutern Sie den Schülern, was in den nächsten Minuten Thema sein soll:

> *„Für viele von euch ist der Händedruck keine übliche Form der Begrüßung. Mich interessiert, wie eure Begrüßungsrituale aussehen und warum ihr diese Form durchführt."*

Bitten Sie die Schüler, gängige Begrüßungsformen unter Jugendlichen zu zeigen und ihre Bedeutung zu erläutern. Wann kommt die jeweils vorgestellte Begrüßung zum Einsatz? Wann eher nicht? Wie unterscheiden sie sich von den Ritualen, die in der Familie zum Einsatz kommen?

Hinweis

Besonders interessant könnten kulturell unterschiedliche Verhaltensweisen sein (siehe Beispiele).

Beispiele:

- ✗ Faustgruß
- ✗ „Was geht, Alter?"
- ✗ Umarmung
- ✗ Schulter gegen Schulter
- ✗ „High five" (erhobene Hände schlagen ineinander)
- ✗ Bruderkuss (Russland)
- ✗ Wangenkuss (Frankreich)
- ✗ Nasen aneinanderreiben (Inuit)
- ✗ Handschlag, Umarmung und Wangenkuss (Lateinamerika)
- ✗ Verbeugung (Japan)
- ✗ Verbeugung mit aneinander gelegten Händen (Indien)

Kleine Rätsel

Darum geht's

Rätsel verlangen Konzentration und regen dazu an, auch einmal um die Ecke zu denken. Die Schüler beschäftigen sich mit kleinen Denkaufgaben und sollen dazu ermutigt werden, ungewöhnliche Lösungsansätze in Betracht zu ziehen.

So geht's

Leiten Sie die folgenden Rätsel mit ein paar Worten ein:

> *„Ich habe euch einige spannende Rätsel mitgebracht, bei denen ihr genau zuhören und euch konzentrieren müsst, um die Aufgaben zu lösen."*

Stellen Sie nacheinander die Rätselaufgaben vor und geben Sie den Schülern Zeit, eine Lösung zu finden.

Rätsel 1: Nenne 5 aufeinanderfolgende Tage, in denen kein „a" vorkommt!

Lösung: vorgestern, gestern, heute, morgen, übermorgen

Rätsel 2: Der Bus hat 16 Fahrgäste. 6 Personen steigen an einer Haltestelle aus. 4 neue Fahrgäste steigen ein. Wie viele Personen befinden sich im Bus?

Lösung: 15 Personen (14 Fahrgäste und der Busfahrer)

Rätsel 3: Einige Monate haben 30 Tage, andere 31. Wie viele Monate haben 28 Tage?

Lösung: Alle, denn kein Monat hat weniger als 28 Tage.

Rätsel 4: Was hat 3 Buchstaben, dann 4 Buchstaben, manchmal 8 Buchstaben, niemals 7 Buchstaben?

Lösung: Das ist keine Frage, sondern eine Aussage: Das Wort „was" hat 3 Buchstaben, das Wort „dann" 4 Buchstaben usw.

Rätsel 5: 3 Kinder streiten sich, wer heimlich den letzten Keks gegessen hat. Alex zeigt auf Nele und sagt: „Du warst es!" Nele antwortet: „Nein, ich war es nicht." Tom sagt: „Ich war es ganz bestimmt nicht."
Nur einer der 3 sagt die Wahrheit. Wer hat den Keks gegessen?

Lösung: Tom und Alex lügen, Nele sagt die Wahrheit und Tom hat den Keks gegessen.

Drudelrätsel

Darum geht's

Ein Drudel ist ein Bilderrätsel, bei dem das Bild oft einen Gegenstand, Menschen oder Tiere in extremer Perspektive darstellt. Sie erschließen sich selten auf den ersten Blick, machen aber einfach Spaß!
Die Schüler sollen erraten, was die Drudelrätsel darstellen.

So geht's

Erläutern Sie die Aufgabe beim Drudelrätsel:

„Ich male euch nun kleine Zeichnungen an die Tafel. Ihr müsst erraten, was die Bilder darstellen."

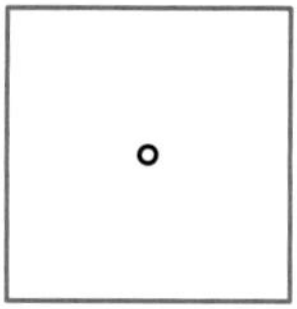

Lösung:
das Blasloch eines Wals von oben

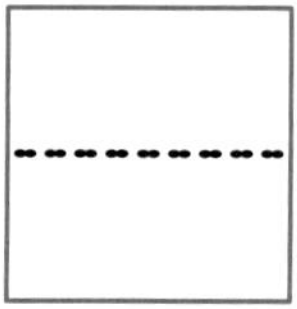

Lösung:
eine Ameisenstraße

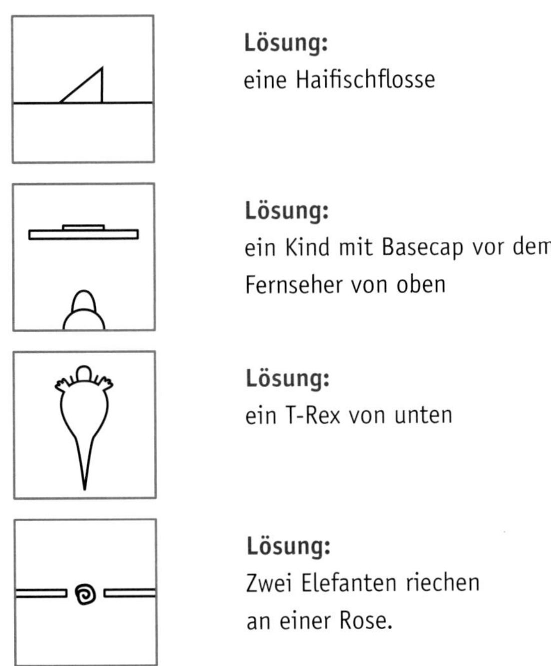

Lösung:
eine Haifischflosse

Lösung:
ein Kind mit Basecap vor dem Fernseher von oben

Lösung:
ein T-Rex von unten

Lösung:
Zwei Elefanten riechen an einer Rose.

Variante

Die Schüler erfinden eigene Drudelrätsel.

Scherzfragen

Darum geht's

Eine besondere Form des Rätselratens sind Scherzfragen. Dabei geht es nicht um eine Wissensabfrage, sondern um den Versuch, die Frage kreativ zu beantworten und um die Ecke zu denken. Die Schüler finden möglichst originelle Lösungen für die Scherzfragen.

So geht's

Beginnen Sie die Rätselrunde mit einigen einleitenden Worten:

> *„Ich möchte euch ein paar Scherzfragen stellen. Das sind lustige Rätsel. Hier meine erste Frage: Warum muss man in einer Apotheke immer leise sein?"*

Die Schüler versuchen, eine mögliche Antwort zu finden. Präsentieren Sie die Lösung:

> *„Damit die Schlaftabletten nicht aufwachen."*

Fragen Sie Ihre Schüler, welche Scherzfragen sie kennen.

Sollten Ihren Schülern keine einfallen, finden Sie hier noch ein paar Beispiele:

Frage: Womit hört die Nacht auf und fängt der Tag an?
Antwort: mit dem Buchstaben „T"

Frage: Welche Insel liegt nicht im Wasser?
Antwort: die Verkehrsinsel

Frage: Bei welchem Brand brennt kein Feuer?
Antwort: beim Sonnenbrand

Frage: Was hört alles und sagt nichts?
Antwort: das Ohr

Frage: Was hat zwei Beine und kann nicht laufen?
Antwort: eine Hose

Hinweis

Entscheidend für die Begeisterung für solche Scherzfragen sind der Tonfall und die spannende Art der Präsentation.

Variante

Je nach Lerngruppe können die Schüler selbst Scherzfragen entwickeln.

24

Versteckte Wörter

Darum geht's

Dieser kleine Rätselspaß regt die Kreativität der Schüler an. Die Schüler erstellen ihre eigenen Buchstabenrätsel.

 kariertes Papier und Stift für jeden Schüler

So geht's

Beschreiben Sie die Übung:

„Zeichne zunächst auf das Blatt ein großes Quadrat. Überlege dir nun mehrere Wörter, die du senkrecht und waagerecht Buchstabe für Buchstabe in die einzelnen Kästchen im Quadrat schreibst. Notiere diese Begriffe auch auf der Rückseite des Blattes. Fülle dann den Rest des Quadrats mit Buchstaben auf. Deine Wörter sind nun in dem Buchstabengewirr versteckt. Tauscht die Blätter untereinander aus und findet die versteckten Wörter."

Hinweise

- Legen Sie mit den Schülern die Anzahl der zu erratenden Wörter vorher fest. Entsprechend der zur Verfügung stehenden Zeit wird die Anzahl der zu findenden Wörter reduziert bzw. erweitert.
- Das Finden der Wörter kann auch als Hausaufgabe dienen.

Varianten

- Um den Schwierigkeitsgrad zu erhöhen, können die Wörter auch diagonal oder rückwärts notiert werden.
- Bei einer lernschwachen Gruppe können die zu suchenden Begriffe neben dem großen Quadrat aufgelistet werden.
- Die Wörter müssen Bezug zu einem bestimmten Unterrichtsthema haben.

Münzenrätsel

Darum geht's

Münzen sind ein gutes Material, um abwechslungsreiche Rätsel zu stellen und zu lösen. Die Schüler schulen spielerisch ihr logisches und räumliches Denken.

 Münzen in ausreichender Zahl (mind. 20, besser mehr)

So geht's

Teilen Sie Ihre Schüler in mehrere Rätselgruppen ein. Jede Gruppe muss die im Rätsel vorgegebene Anzahl an Münzen zur Verfügung haben.

Münzenrätsel 1:
„Ihr seht zwei Reihen mit Münzen. Verändert die Lage der Münzen so, dass zwei Reihen mit jeweils drei Münzen entstehen. Dabei dürft ihr keine Münze wegnehmen."

Lösung:
Die unterste Münze aus der senkrechten Reihe wird auf den Schnittpunkt der beiden Reihen gelegt. Jetzt liegen in jeder Reihe drei Münzen.

2x

Münzenrätsel 2:
Jede Gruppe braucht 10 Münzen, die in Form eines Dreiecks gelegt werden. Erklären Sie die Aufgabe: „Verändert die Richtung des Dreiecks, indem ihr drei Münzen umlegt."

Lösung:

Münzenrätsel 3
Legen Sie eine beliebige Anzahl an Münzen auf einen Tisch. Dabei liegt die Zahlenseite oben. Die Gruppen sollen erraten, wie viel die Münzen in Summe wert sind. Geben Sie den Gruppen zunächst Zeit, um eine Strategie zu entwickeln. Jede Gruppe darf anschließend ca. 10 Sekunden einen Blick auf die Münzsammlung werfen und gemeinsam überlegen, wie hoch der Betrag ist.

Hinweis

Geben Sie bei einem zweiten Durchgang den Hinweis, dass jeder Schüler sich auf eine bestimmte Münze (z. B. 1 Euro, 5 Cent etc.) konzentrieren soll. In der anschließenden Gruppenrunde werden die Beträge zusammengerechnet.

Silbenrätsel

Darum geht's

Dieses Rätsel fördert das Sprachgefühl und das Sprachverständnis der Schüler. Sie sollen aus vorgegebenen Silben einen Satz bilden.

 Papier und Stift für jeden Schüler

So geht's

Erläutern Sie die Aufgabe:

„Schreibt zunächst auf das leere Blatt einen Satz. Teilt den Satz nun in seine einzelnen Silben und schreibt diese durcheinander auf die Rückseite eures Blattes. Tauscht eure Blätter danach untereinander aus. Versucht, herauszufinden, welchen Satz die Silben auf eurem neuen Blatt gebildet haben."

Hinweis

Sie können den Schwierigkeitsgrad des Silbenrätsels der jeweiligen Lerngruppe anpassen, indem Sie vorgeben, wie viele Wörter der Ausgangssatz haben soll.

Schätzübungen

Darum geht's

Jeder Mensch hat ein Zeitgefühl, das ihm helfen kann, manche Alltagssituationen genauer einzuschätzen.
Die Schüler sollen unterschiedliche Zeiteinheiten schätzen.

 Uhr mit Sekundenzeiger oder Handy mit Stoppuhr

So geht's

Fordern Sie die Schüler zunächst auf, ihre Uhren wegzulegen. Erläutern Sie anschließend die Übung:

„Eure Aufgabe besteht jetzt darin, die Dauer einer Minute abzuschätzen, ohne dabei auf eine Uhr zu blicken. Das sollte möglichst genau sein. Ich gebe dazu ein Startsignal. Wenn jemand meint, die Minute wäre erreicht, stellt er sich hin. So kann ich erkennen, wer die Minute am genauesten geschätzt hat."

Führen Sie die Schätzübung mehrmals durch und beobachten Sie, ob Ihre Schüler die Minute immer genauer abschätzen können.

Nachgefragt

Darum geht's

Es ist immer wichtig, die richtigen Fragen zu stellen, um Informationen zu bekommen und ein Ziel zu erreichen. Bei diesem Spiel erraten die Schüler Gegenstände durch geschickte Fragestellung und schulen dabei spielerisch ihre Fähigkeit zur Deduktion.

So geht's

Beschreiben Sie den Ablauf des Spiels:

> *„Einer verlässt zunächst den Raum. Die anderen suchen sich einen Gegenstand aus, den er erraten soll. Dabei kann er 10 Fragen stellen, die nur mit Ja oder Nein beantwortet werden dürfen."*

Es meldet sich ein Teilnehmer, der anfangen will, und das Spiel kann beginnen.

Hinweis

Die Anzahl der Fragen kann an die jeweilige Lerngruppe angepasst werden.

Lebenswissen

Von A bis Z

Darum geht's

Die Schüler sammeln passende Begriffe zu den Buchstaben des Alphabets. Eine kreative Methode zur Reaktivierung von Inhalten und Wissen.

 Papier und Stift für jeden Schüler

So geht's

Bitten Sie die Schüler, die Buchstaben des Alphabets untereinander auf ein Blatt zu schreiben. Erklären Sie anschließend die Aufgabe:

> *„Ihr sollt nun zu jedem Buchstaben einen Begriff finden, der zum Thema unserer Einheit passt. Dafür habt ihr 3 Minuten Zeit. Anschließend tragen wir die Begriffe im Plenum zusammen. Ich werde dazu zu jedem Buchstaben einen Schüler aufrufen. Solltet ihr keinen passenden Begriff haben, darf ein anderer Schüler aushelfen."*

Hinweis

Es geht nicht um Vollständigkeit! Daher ist es auch nicht schlimm, wenn ein Schüler zu mehreren Buchstaben keine Begriffe finden konnte.

Variante

Die Begriffe können selbstverständlich nicht nur zum Thema einer Einheit, sondern auch zu einem Stundenthema, einem Text, einer Hausaufgabe oder als Vorkabelwiederholung gesammelt werden.

Knopfleisten

Darum geht's

Alltägliche Rituale, wie das Zuknöpfen eines Hemdes oder einer Jacke, sind selbstverständlich. Doch warum haben Männer und Frauen Knopfleisten an unterschiedlichen Seiten: rechts bzw. links? Die Schüler schulen ihre Kreativität und stellen Vermutungen über die Herkunft dieses Unterschieds an.

So geht's

Bitten Sie die Schüler, die Knopfleisten an ihren Hemden oder Jacken zu betrachten.
Die Schüler werden feststellen, dass sich die Knopfleisten bei Frauen auf der linken und bei Männern auf der rechten Seite befinden.
Lassen Sie nun die Schüler nach Erklärungen suchen.
Stellen Sie dazu unterschiedliche Varianten und Deutungen vor:

- ✗ Als die Männer noch Degen und Schwerter trugen, war es überlebenswichtig, schnell die Waffe zu ziehen. Die Knopfleiste auf der rechten Seite verhinderte, dass die Waffe an der Kleidung hängen blieb.
- ✗ Die kampfbereiten Männer konnten ihre Kampfhand warm halten, indem sie diese unter den Mantel steckten.

- ✗ Dass Frauen ab dem 19. Jahrhundert die Knopfleiste links trugen, war eine Erleichterung für die Bediensteten beim Ankleiden der Damen.

- ✗ Es war für die rechtshändigen Frauen leichter, die Blusen beim Stillen ihres Babys zu öffnen.
- ✗ Früher saßen die Männer in der Kirche auf der rechten Seite und die Frauen links. Damit die Männer sich auf die Messe konzentrierten und nicht immer in die Blusen der Frauen schauten, verlegte man die Knöpfe auf die andere Kleidungsseite.

Fragen Sie Ihre Schüler, warum es diesen Unterschied Ihrer Meinung nach heute noch gibt *(Lösung: Da sich die Kleidung im Laufe der Jahre immer weiter anglich, ist dies eine Möglichkeit, sofort zu erkennen, für wen ein Kleidungsstück gedacht ist.)*

Vogelzug

Darum geht's

In der Natur gibt es zahlreiche faszinierende Phänomene, die auf den ersten Blick unerklärlich erscheinen. Die Schüler erfahren, was es mit der V-Formation der Zugvögel auf sich hat. Auf diese Weise werden ihre Neugier und ihr Forschergeist angespornt.

So geht's

Malen Sie Vögel in der V-Form an die Tafel und fragen Sie die Schüler, was dies bedeuten könnte.
Nach den Rückmeldungen erläutern Sie den Zusammenhang:

„Wenn die Wildgänse zum Überwintern in den Süden fliegen, tun sie dies nicht allein, sondern in Gemeinschaft. Dabei bilden sie eine besondere Flugformation: ein V. Das machen sie so, um die weiten Strecken von über 4 000 km zu überstehen. Jeder Vogel erzeugt durch seinen Flügelschlag einen Auftrieb für den nachfolgenden Vogel. Der Luftwiderstand wird verringert. Wer hinterherfliegt, wird regelrecht mitgeschleppt. Der Leitvogel braucht die meiste Kraft, um voranzufliegen. Wenn er müde wird, übernimmt ein anderer Vogel seine Rolle. So kann jeder mal der Chef

sein. Durch Schreie werden die Vögel an der Spitze angefeuert, damit sie ihre Geschwindigkeit beibehalten. So kann ein Schwarm ca. 70 % weiter fliegen als ein einzelner Vogel."

Hinweis

Vor allem in der Natur gibt es eine Vielzahl solcher Phänomene. Die Schüler können im Unterricht weitere zusammentragen. Vielleicht gibt es dabei bereits Vorschläge zur Ursache des Phänomens. Ein anderes mögliches Beispiel wäre die Frage, warum sich Hunde und Katzen nicht verstehen (wegen der unterschiedlichen Körpersprache: mit dem Schwanz wackeln bedeutet beim Hund Freude, bei der Katze Abwehr; Schnurren bei der Katze hat eine ganz andere Bedeutung als Knurren beim Hund etc.).

Was du heute kannst besorgen ...

Darum geht's

Die Schüler sammeln Redewendungen, die Eltern oder andere Erwachsene gerne zu ihren Kindern sagen, und überlegen, was sie bedeuten. Die Schüler schulen ihr Sprachbewusstsein, indem sie typische Erwachsenenphrasen erkunden und sich mit deren Inhalt auseinandersetzen.

So geht's

Schreiben Sie den Satz „Lehrjahre sind keine Herrenjahre!" an die Tafel und besprechen Sie kurz, was mit diesem „Erwachsenenspruch" gemeint sein könnte.

Erklären Sie nun die Aufgabe:

> *„Setzt euch zu zweit zusammen und besprecht, welche Ratschläge ihr manchmal zu hören bekommt und was die Erwachsenen euch damit sagen wollen."*

Anschließend bearbeiten die Schüler ihre Beispiele und Erfahrungen.

Weitere Beispiele:

- ✗ „Was du heute kannst besorgen, das verschiebe nicht auf morgen!“
- ✗ „Wer nicht hören will, muss fühlen!“
- ✗ „Der frühe Vogel fängt den Wurm!“
- ✗ „Morgenstund hat Gold im Mund!“
- ✗ „Was Hänschen nicht lernt, lernt Hans nimmermehr.“
- ✗ „Wer den Pfennig nicht ehrt, ist des Talers nicht wert.“
- ✗ „Lieber den Spatz in der Hand als die Taube auf dem Dach.“

Gute Taten

Darum geht's

Manchmal sind es die kleinen Taten, die die Welt verändern. Die Schüler entwickeln konkrete Ideen, wie sie selbst etwas Gutes tun können. Sie schulen ihre Sozialkompetenz, indem sie Möglichkeiten für einen positiven Umgang miteinander erarbeiten und umsetzen.

So geht's

Erläutern Sie den Schülern den Hintergrund der Aufgabe:

> *„Viele Menschen schimpfen ständig über diese schlechte Welt und jammern über ihre Situation. Dabei hat jeder von uns die Möglichkeit, die Welt ein wenig besser zu machen. Man muss nur damit beginnen."*

Führen Sie ein kurzes Gespräch mit den Schülern über gute Taten, von denen sie gehört oder die sie selbst begangen und erlebt haben.

Nennen Sie einige Beispiele:

- ✗ Ich verabrede mich mit einem Mitschüler, der kaum Freunde hat.
- ✗ Ich treffe mich mit einem Mitschüler, dem ich in einem Fach etwas erkläre, das er nicht versteht.
- ✗ Ich nehme mir Zeit für Gespräche in meiner Familie.
- ✗ Ich bedanke mich bewusst bei meinen Mitmenschen.
- ✗ Ich meckere nicht über alles und jeden.
- ✗ Ich sage einem Menschen, der mir wichtig ist, dass ich ihn liebe oder ihn mag.
- ✗ Ich lobe jemanden, der es besonders braucht.
- ✗ Ich störe nicht mehr den Unterricht.
- ✗ Ich mache jemandem ein Kompliment.
- ✗ Ich helfe einer kranken oder älteren Person.
- ✗ Ich denke nach über die guten Dinge in meinem Leben.
- ✗ Ich schreibe jemandem einen Brief.

Hinweis

Diese Übung soll eine Ermunterung sein. Es sollte nicht der Eindruck entstehen, dass jeder dazu verpflichtet ist, so oft es geht, gute Taten zu verrichten.

34

Redewendungen

Darum geht's

Jeder kennt die unterschiedlichsten Redewendungen, aber nur selten ist auch bekannt, was es mit ihnen auf sich hat. Die Schüler schulen ihr Sprachbewusstsein, indem sie Redewendungen erkunden und deren Ursprünge und Bedeutungen erarbeiten.

So geht's

Schreiben Sie nacheinander Redewendungen an die Tafel und erarbeiten Sie im Gespräch deren Bedeutung.

Redewendung 1: „Schmetterlinge im Bauch haben"

Bedeutung: aufgeregt sein, ein flaues Gefühl in der Magengegend haben, verliebt sein

Herkunft: Der Ausdruck wird der Schriftstellerin Florence Converse zugeschrieben (1871–1967). Sie verwendete ihn in ihrem Buch „House of Prayer". Sie schreibt darin von den „butterflies in the stomach". Das Magenkribbeln wird mit den flattrigen Flügelschlägen von Schmetterlingen assoziiert.

Redewendung 2: „auf Wolke 7 schweben"

Bedeutung: ein Glücksgefühl, besonders bei Verliebten

Herkunft: In der Bibel wird beschrieben, dass der Himmel aus sieben Schichten zusammengesetzt ist. Ganz oben im „7. Himmel" soll Gott leben und glücklich verliebt zu sein, fühlt sich himmlisch an!

Redewendung 3: „Dreck am Stecken haben"

Bedeutung: jemand hat etwas Schlimmes getan

Herkunft: Früher waren die Straßen nicht so sauber wie heute. Wenn jemand zu Fuß unterwegs war, waren seine Schuhe verschmutzt. Bevor man ein Haus betrat, reinigte man die dreckigen Schuhe mit einem Stecken oder Stock. Der Dreck blieb dann daran hängen. Dreck wurde oft mit Schuld in Verbindung gebracht.

Redewendung 4: „jemanden an der Nase herumführen"

Bedeutung: einen Menschen belügen, um sich selbst einen Vorteil zu verschaffen

Herkunft: Zu früheren Zeiten erhielten Bären und andere gefährliche Tiere im Zirkus einen Eisenring durch die Nase, an dem eine Kette befestigt war. So konnten sie gebändigt und

den Schaulustigen gefahrlos vorgeführt werden, da diese Stelle sehr schmerzhaft ist.
Indem man jemanden an der Nase herumführt, hintergeht und degradiert man ihn wie einen Tanzbären.

Hinweis

Die Schüler können selbst Redewendungen nennen und versuchen, deren Bedeutung zu erläutern.

Entspannung

35

Durchatmen mit Musik

Darum geht's

Musik kann eine besondere Wirkung haben. Die Schüler sollen bei dieser Übung vor allem zur Ruhe kommen. Achtsamkeit ist nicht nur ein kurzzeitiger Trend, sondern eine langzeitige Möglichkeit, den positiven Umgang mit sich selbst und eine effektive Stressbewältigung zu schulen. Das achtsame Hören und wertfreie Beschreiben von Musik ist eine kleine Übung, die die Schüler auf diesem Weg bildet.

 Musik, Abspielgerät

So geht's

Bitten Sie die Schüler, sich bequem hinzusetzen. Wenn sie wollen, können sie bei der Hörübung auch die Augen schließen. Bereiten Sie die Schüler mit ruhiger Stimme auf die Übung vor.

„Wir wollen in den nächsten Minuten zur Ruhe kommen und die Gedanken, die uns im Kopf herumschwirren, abschalten. Konzentriert euch dazu ganz auf die Musik, die ihr nun hören werdet. Versucht, die Musik nicht zu bewerten. Sie ist nur ein Hilfsmittel, das euch dabei unterstützen

soll, neue Kraft zu schöpfen und alles Belastende zur Seite zu legen. Welche Instrumente könnt ihr erkennen? Wie wirkt die Musik auf euch? Ist die Melodie eher leicht oder schwer? Sind die Töne hoch und fröhlich oder tief und traurig? Ist der Klang aufregend oder beruhigend? Versucht das, was ihr hört, in Gedanken zu beschreiben, ohne dabei zu bewerten, ob die Musik schön oder schlecht ist. Lasst eure Gedanken gerne schweifen und überlegt, woran euch die Klänge erinnern. Möglicherweise entstehen Bilder im Kopf, auch Musik kann Geschichten erzählen."

Hinweis

Die gewünschte Wirkung der Musik hängt von vielen Faktoren ab. Versuchen Sie vor allem, eine beruhigende Umgebung zu schaffen (Stimme, Lautstärke, Abdunkelung etc). Klassische Musik eignet sich für diese Übung besonders gut, aber auch andere Arten sind möglich.

Gefühle verpacken

Darum geht's

Manchmal ist es wichtig, gedanklich Abstand zu nehmen von bestimmten Gefühlen, die uns belasten, damit man sich auf andere Dinge besser konzentrieren kann. Diese Übung eignet sich, wenn Sie merken, dass in der Klasse eine gedrückte oder aufgewühlte Stimmung herrscht. Die Schüler üben, ihre belastenden Gedanken und Gefühle zu verpacken und sich so von ihnen zu distanzieren.

So geht's

Die Übung verläuft in mehreren Schritten, die Sie folgendermaßen anleiten können:

„Schließe die Augen und atme einige Male tief ein und aus, um langsam zur Ruhe zu kommen.

Konzentriere dich nun auf einen Gedanken oder ein Gefühl, dass dich beschäftigt.

Überlege dir einen Ort, an dem du deinen Gedanken verstauen könntest: z. B. eine Kiste, ein Paket, eine Tasche, einen Tresor oder eine Truhe. Visualisiere den Ort und stelle dir genau vor, wie du deinen Gedanken nimmst und dort hinter-

legst. Schließe die Tür, den Deckel oder mach das Licht aus und stelle dir dann vor, wie du dich von dem Ort entfernst oder wie du den Gegenstand, in dem dein Gedanke liegt, von dir wegschiebst. Deine Gedanken und Gefühle sind nun sicher verwahrt.

Wie fühlt sich das für dich an? Lass diesen Eindruck auf dich wirken.

Öffne nun wieder langsam die Augen. Natürlich ist der Gedanke oder das Gefühl nicht verschwunden, aber du hast ein wenig Abstand davon genommen."

Hinweis

Wichtig ist bei dieser Übung, dass Ruhe herrscht und die Schüler bereit sind, mitzumachen. Die Teilnahme sollte freiwillig sein. Tragen Sie die Anleitung ruhig und mit kurzen Pausen vor.

37

Einmal tief Luft holen!

Darum geht's

Mit gezielten Atemtechniken lässt sich in Momenten von Unruhe und Hektik schnelle Beruhigung erzielen. Die Schüler werden zu kurzen Atemübungen angeleitet, die sie in alltäglichen Stresssituationen anwenden können, um zur Ruhe zu kommen.

So geht's

Bitten Sie die Schüler, sich entspannt hinzustellen und eine Hand auf den Bauch zu legen. Dabei sollen sie ruhig und gleichmäßig durch die Nase bis in den Bauchraum atmen. Leiten Sie die Schüler mit folgenden Worten an:

> *„Beim Einatmen spürst du, wie sich deine Bauchdecke anhebt und beim Ausatmen wieder senkt. Wiederhole diese Übung einige Male."*

Bei der zweiten Übung sollen sich die Schüler vorstellen, sie seien ein Hund, der sein Maul weit aufreißt. Erklären Sie die Übung weiter:

„Du atmest ganz tief in Brust und Bauch hinein. Beim Ausatmen schickst du die Luft in mehreren kurzen Atemzügen nach draußen, bis deine Lungen leer sind."

Auch diese Übung wird mehrmals durchgeführt.

Hinweis

Achten Sie darauf, dass die zweite Übung bei manchen Schülern zu Kreislaufproblemen führen kann. Weisen Sie die Schüler darauf hin, immer gleichmäßig zu atmen und die Luft nicht anzuhalten.

Varianten

- ✗ Die Schüler stellen sich vor, dass sie im Winter vor einem gefrorenen Fenster stehen. Sie atmen tief in den Bauch hinein und hauchen ihren Atem aus, um das Eis aufzutauen.
- ✗ Die Schüler atmen wie eine alte Dampflokomotive aus („Sch, sch, sch ...").
- ✗ Die Schüler summen beim Ausatmen wie eine Biene.
- ✗ Die Schüler sollen beim Einatmen möglichst viele Muskeln anspannen, die Luft kurz anhalten und langsam ausatmen und alle Muskeln wieder entspannen.

Baum im Wind

Darum geht's

Mit fantasievollen Übungen kann kurzfristig das Körperbewusstsein gestärkt werden, was sich positiv auf die Konzentration auswirkt. Durch eine kurze theaterpädagogische Einheit erlangen die Schüler neue Energie und Konzentration.

So geht's

Bitten Sie die Schüler, sich hinzustellen und sich einmal kurz aufzulockern, indem sie sich durchschütteln. Leiten Sie die Übung an:

„Stell dich mit beiden Füßen fest auf den Boden. Spüre den Boden unter deinen Schuhsohlen und die Verbindung, die du dadurch zur Erde hast. Deine Beine sind Wurzeln, die fest im Boden verankert sind. Du bist ein Baum. Langsam zieht Wind auf, der durch deine Blätter weht. Der Wind wird stärker und du neigst dich langsam hin und her. Die Luft drückt von allen Seiten gegen dich, bewege deinen Körper von vorne nach hinten, von links nach rechts. Lass dich vom Wind treiben. Finde deinen eigenen Rhythmus. Konzentriere dich auf die Bewegung. Wenn du möchtest, schließe deine Augen."

Lassen Sie den Schülern ein wenig Zeit für die Übung und beenden Sie diese mit abschließenden Worten:

„Der Wind lässt nach. Du spürst, wie es ruhiger wird, und stehst wieder ganz still. Deine Füße stehen fest auf dem Boden. Öffne nun langsam deine Augen."

Smalltalk

Darum geht's

An manchen Tagen gibt es einen größeren Redebedarf als an anderen. Es ist sinnvoll, den Schülern einen Austausch zu ermöglichen, damit sie sich danach auf Neues konzentrieren können. Die Schüler erhalten Zeit für ein kleines Gespräch, dessen Inhalt sie selbst bestimmen können.

So geht's

Fordern Sie die Schüler auf, sich in kleinen Gruppen zusammenzusetzen, und beschreiben Sie die Aufgabe:

> *„Ihr habt nun ein wenig Zeit, euch zu unterhalten. Was beschäftigt euch gerade besonders, worüber möchtet ihr euch austauschen? Achtet dabei auf die Lautstärke, damit ihr euch nicht gegenseitig stört."*

Einmal lachen, bitte!

Darum geht's

Humor und Lachen sind im Unterricht wichtig, um gute Laune zu verbreiten und die Lernatmosphäre zu fördern. Das gegenseitige Erzählen von Witzen ist ein humorvoller Lückenfüller, der sich unter Umständen positiv auf den Klassenzusammenhalt auswirkt.

So geht's

Bitten Sie Ihre Schüler, Witze zu erzählen. Nachdem ein paar erzählt worden sind, fragen Sie Ihre Klasse, welche Witze die Schüler wirklich zum Lachen gebracht haben und welche weniger. Welche bringen durch das Lachen Befreiung und Entspannung, welche gingen auf Kosten anderer und hatten deshalb keine positive Wirkung?

Blattregen

Darum geht's

Kurze Zeitfenster am Ende einer Stunde können genutzt werden, um zentrale Themen und Inhalte Revue passieren zu lassen. Die Schüler reflektieren die Themen einer Stunde mithilfe eines aktivierenden und kooperativen Spiels.

Papier und Stift für jeden Schüler, Uhr mit Sekundenzeiger oder Handy mit Stoppfunktion

So geht's

Fordern Sie die Schüler auf, ein Blatt Papier mit dem eigenen Namen zu beschriften, und erläutern Sie das Spiel:

„In diesem Spiel sollt ihr zunächst alles stichwortartig notieren, was euch zum Thema der heutigen Stunde einfällt. Das können offene Fragen sein, eure eigene Meinung, etwas, das ihr gelernt oder das euch überrascht hat. Dafür habt ihr eine Minute Zeit. Auf mein Zeichen hin gebt ihr euer Blatt an euren linken Nachbarn weiter. Auf dem Blatt, das ihr so bekommt, könnt ihr die vorhandenen Notizen kommentieren und ergänzen. Nach einer Minute werden die Blätter ein letztes Mal weitergegeben und kommentiert.

Am Ende erhält jeder sein Blatt zurück. Lest euch das Blatt in Ruhe durch und klebt es in eure Hefte oder heftet es in euren Mappen ab."

Verwenden Sie zum Stoppen der Zeit eine Uhr oder Ihr Smartphone.
Die Notizen werden nicht besprochen. Die Übung dient einer individuellen und gleichzeitig kooperativen Reflexion, an der sich alle beteiligen müssen, aber keine Bewertung stattfindet.

Hinweis

Die Übung eignet sich nach Abschluss oder vor Beginn eines neuen Themas, kann aber auch zwischendurch problemlos eingesetzt werden.

Wettermassage

Darum geht's

Es ist für das körperliche und psychische Wohlbefinden hilfreich, wenn nach einer Anspannung eine Entspannung folgt.

So geht's

Bitten Sie die Schüler, Zweiergruppen zu bilden. Jedes Zweierteam stellt sich hintereinander. Erläutern Sie den Ablauf der Entspannungsübung:

> *„Wir wollen bei dieser Übung versuchen, uns zu entspannen und zur Ruhe zu kommen. Dazu schließt der Vordermann die Augen. Der Hintermann wird nach meinen Anweisungen einen Wetterbericht mit seinen Händen auf dem Rücken des Vordermanns abgeben."*

Nennen Sie die Wetterlage und erläutern Sie bei den ersten Übungen kurz die Umsetzung:

- ✗ **Nieselregen:** mit den Fingerkuppen zart auf den Rücken klopfen
- ✗ **starker Regen:** fester klopfen
- ✗ **Sonnenschein:** die Handflächen auflegen und sanft drücken
- ✗ **Wind:** mit den Handflächen auf dem Rücken reiben

Nach einiger Zeit wechseln die Schüler ihre Positionen und Aufgaben.

Hinweise

- ✗ Wichtig: Weisen Sie Ihre Schüler darauf hin, dass nur die mitmachen sollen, die das auch möchten.
- ✗ Schaffen Sie vor Beginn der Entspannungsübung eine gelockerte Atmosphäre (z. B. durch einen Moment der Stille).

Varianten

- ✗ Die Schüler erfinden eigene Wetterberichte und erläutern diese dem Vordermann („Jetzt zieht ein starker Sturm auf!").
- ✗ Die Entspannungsmassage wird in Form des „Pizzabackens" ausgeführt: den Teig kräftig kneten und ausrollen, die Pizza belegen usw.

Bewegung

Bodypercussion

Darum geht's

Diese Übung sorgt für kurze Bewegungsphasen im Schulalltag. Zusätzlich geht es um Rhythmus. Körperliche und geistige Blockaden können ohne großen Zeitaufwand gelöst werden, gleichzeitig wird die Gruppendynamik gefördert.

So geht's

Fordern Sie die Schüler auf, sich hinzustellen und sich so im Raum zu verteilen, dass sie ihre Arme ausstrecken können, ohne einen Mitschüler zu berühren. Zeigen Sie Ihren Schülern, was es für verschiedene Arten gibt, mit dem Körper Musik zu machen: mit den Füßen stampfen, auf die Oberschenkel schlagen, klatschen, schnipsen etc.

Erläutern Sie dann die Übung:

> *„Wir wollen nun gemeinsam einen Beat zusammenstellen, indem wir die Rhythmus-Elemente miteinander kombinieren. Ich gebe per Klatschen einen 4/4-Takt vor und ihr steigt einer nach dem anderen ein. Dabei dürft ihr klatschen, schnipsen, stampfen oder was euch sonst einfällt."*

Nutzen Sie dabei die Experimentierfreude und Fantasie der Schüler.

Hinweis

Es geht bei dieser Übung nicht um Perfektion, sondern um einen musikalischen Versuch, der die Schüler in Bewegung versetzt. Als Grundrhythmus ist ein 4/4-Takt sinnvoll. Wenn Sie selbst auf dem musikalischen Parkett eher unsicher sind, nutzen Sie die Talente der Schüler.

Variante

Die Schüler schließen die Augen. Ohne sich abzusprechen, beginnt ein Schüler, indem er ein gleichbleibendes Rhythmus-Element vorgibt. Nach und nach steigen die übrigen Schüler mit ein. Dabei erzeugt jeder Schüler jeweils ein gleichbleibendes Geräusch. Sensibilisieren Sie die Schüler dafür, sich Zeit zu lassen und sich zu konzentrieren.

Immer locker bleiben!

Darum geht's

Die Schüler haben längere Zeit auf ihren Stühlen gesessen. Danach ist eine Übung zur Lockerung der Muskulatur hilfreich. Die spielerischen Bewegungsübungen sorgen außerdem für neue Energie und Konzentration.

So geht's

Bitten Sie die Schüler, sich in bequemer Haltung aufzustellen und zunächst den ganzen Körper wie eine Gummifigur auszuschütteln. Schütteln Sie sich selbst ohne Hemmungen und bewegen Sie jeden Teil Ihres Körpers, damit es Ihnen die Schüler gleichtun.

Leiten Sie anschließend die Schüler zu folgenden Übungen an, indem Sie sie kurz ankündigen und gemeinsam mit den Schülern durchführen:

- ✗ Schultern heben und fallen lassen
- ✗ den ganzen Körper strecken und dehnen
- ✗ Schultern kreisen lassen
- ✗ gähnen
- ✗ Grimassen schneiden
- ✗ Äpfel von einem Baum pflücken (Arme über den Kopf strecken und mit den Händen in die Luft greifen)
- ✗ den Oberkörper locker nach unten fallen lassen

- ✗ den Körper vom Gesicht bis zu den Zehen abklopfen
- ✗ die Lippen flattern lassen
- ✗ mit der Zunge den Mundraum abfahren
- ✗ auf der Stelle gehen und laufen
- ✗ hüpfen
- ✗ auf einem Bein stehen

Hinweis

Das Spiel lässt sich als Ritual in den Unterricht integrieren, beispielsweise als feste Lockerungsübung zwischen den Einheiten einer Doppelstunde oder vor Präsentationen, um neue Konzentration zu schaffen.

Variante

Ein ausgewählter Schüler übernimmt die Spielleitung und gibt die Übungen vor.

© Aaron Amat | Fotolia.com

Reihenbildung

Darum geht's

Bewegung und Konzentration sind bei diesem Spiel gefragt, in dem sich die Schüler in einer bestimmten Reihenfolge aufstellen müssen – und zwar ohne zu sprechen!

So geht's

Teilen Sie die Klasse in zwei Gruppen und erklären Sie die Spielregeln:

„Eure Aufgabe besteht nun darin, euch in einer bestimmten Reihenfolge aufzustellen. Ich nenne euch dazu immer das Kriterium. In der ersten Runde stellt ihr euch bitte anhand eures Geburtstdatums in chronologischer Reihenfolge auf. Ihr dürft dabei nicht sprechen und müsst am Ende alle richtig stehen. Die Gruppe mit den wenigsten Fehlern gewinnt. Und los geht´s!"

Die Schüler müssen nonverbal ihr Geburtsdatum kommunizieren und die richtige Reihenfolge ermitteln. Zur Überprüfung der Richtigkeit nennt jeder Schüler am Ende des Spiels der Reihe nach sein Geburtsdatum.

Hinweis

Es ist wichtig, dass Sie vor Beginn des Spiels ansagen, wo Anfang und Ende einer Reihe sind (z. B. der jüngste Schüler steht ganz vorn, der älteste ganz hinten).

Varianten

Weitere Kriterien der Reihe können sein:

- Vornamen oder Nachnamen jeweils nach Alphabet ordnen
- Schuhgröße
- Alter (in gemischten Gruppen)
- Während des Spiels darf gesprochen werden, allerdings wird es auf Zeit gespielt. Die Gruppe, die als Erstes fertig ist, ruft „Stopp!", erhält aber nur einen Punkt, wenn keine Fehler gemacht wurden. Ansonsten geht der Punkt an die gegnerische Gruppe.

Schultersport

Darum geht's

Schüler sitzen täglich bis zu 8 Stunden in der Schule. Hin und wieder kann eine spielerische Schultergymnastik sinnvoll sein. Dabei entspannen sich nicht nur die Schulter- und Rückenpartie, sondern die Übung lockert die Schüler und schafft neues Konzentrationspotenzial.

So geht's

Die Übungen werden paarweise durchgeführt. Abwechselnd macht ein Schüler die Übung, während sein Partner ihn beobachtet. Erklären Sie die Übung wie folgt:

„Ihr schreibt nun abwechselnd jeweils einmal mit der linken und der rechten Schulter eine Zahl. Stellt euch vor, am Rand eurer jeweiligen Schulter wäre die Spitze eines Bleistiftes befestigt, mit dem ihr auf ein Plakat schreibt. Während einer von euch schreibt, muss der andere versuchen, die Zahl zu erraten. Wechselt sowohl eure Schultern als auch euch gegenseitig ab."

Varianten

© maroke | Fotolia.com

- Um die Schultern weiter zu lockern, können die Schüler am Platz andere Übungen machen:
  - Sie ziehen ihre Schultern ganz nah an die Ohren und dann so weit wie möglich nach unten.
  - Die Schüler bewegen die Schultern in Kreisen nach vorn oder hinten, abwechselnd oder gleichzeitig. Dabei können die Kreise größer und kleiner werden.
  - Sie nehmen die Schultern ganz nach hinten und ziehen die Schulterblätter zusammen, machen dann einen runden Rücken und nehmen die Schultern nach vorn.
- Die Schüler entwerfen selbst neue Schulterübungen.
- Statt Zahlen können die Schüler auch Buchstaben schreiben. Nach einiger Übung können sogar Rechenaufgaben gestellt oder ganze Wörter geschrieben werden.

47

Der unsichtbare Ball

Darum geht's

Bewegung kombiniert mit Konzentration bringt die Schüler bei diesem Spiel körperlich und geistig auf Trab. Während sich die Schüler durch den Raum bewegen, müssen sie aufeinander achten und reagieren. Das schult sowohl ihre Wahrnehmung als auch ihre Konzentration.

So geht's

Die Schüler verteilen sich zunächst im Klassenraum. Erläutern Sie das Bewegungsspiel:

„Bei diesem Spiel werden zwei Dinge von euch erwartet: Bewegung und Konzentration. Wir laufen durch den ganzen Raum. Ich habe einen unsichtbaren Ball in meiner Hand, den ich gleich jemandem zuwerfen werde. Dazu nehme ich mit dem Betreffenden Blickkontakt auf und werfe ihm dann den Ball zu. Er muss ihn auffangen und weiterwerfen. Ihr könnt natürlich auch den Ball schießen oder mit dem Kopf weiterbefördern – achtet aber immer auf den Blickkontakt, damit derjenige, der den Ball fangen soll, sich dessen auch bewusst ist. Wir beginnen nun mit der ersten Runde."

Nachdem alle Spieler die Regeln verstanden haben, geben Sie den Hinweis, dass Sie nun einen zweiten Ball ins Spiel bringen werden. Nach und nach können Sie mehrere Bälle losschicken.

Hinweis

Achten Sie darauf, dass bei der entstehenden Hektik niemand verletzt wird. Sprechen Sie daher vorher ab, ob die Bänke und Stühle stehen bleiben.

Varianten

- Sie können unterschiedliche Bälle (Tennisball, Medizinball, Luftballon) in die Runde werfen. Kündigen Sie dabei vorher an, um welchen Ball es sich handelt.
- Im Klassenraum werden einige Stühle als Hindernisse aufgestellt.
- Das Spiel funktioniert auch, wenn sich die Lerngruppe in einem Kreis aufstellt. Auch hier können unterschiedlich schwere und große Bälle durch Bewegung angedeutet werden und mehrere Bälle gleichzeitig hin- und hergeworfen werden.

48

In Balance bleiben

Darum geht's

Es ist im Leben wichtig, körperlich und geistig im Gleichgewicht zu bleiben. Die Schüler sollen dazu mittels der drei vorgestellten Übungen angeregt werden.
Durch eine konzentrierte Auseinandersetzung mit der individuellen Körperwahrnehmung sorgen diese Gleichgewichtsübungen für Ruhe und Konzentration.

So geht's

Präsentieren Sie den Schülern an drei Stationen verschiedene Balance-Übungen. Erläutern Sie die Übungen kurz mündlich oder indem Sie sie vorführen.

1. *„Stell dich auf ein Bein und versuch, dich mithilfe der Arme in ein Gleichgewicht zu bringen. Wechsle zwischen dem rechten und linken Bein. Wenn du willst, kannst du dabei die Augen schließen."*
2. *„Stell dir vor, du balancierst ganz langsam auf einem Seil. Setz vorsichtig einen Fuß vor den anderen."*
3. *„Nimm einen Stift und streck deinen rechten Zeigefinger aus. Leg den Stift quer auf den Finger, sodass er ohne*

Hilfe liegen bleibt. Balancier den Stift, solange du kannst. Beweg dich dabei durch den Raum. Versuch es anschließend mit dem linken Zeigefinger."

Hinweis

Achten Sie darauf, dass Schüler mit Gleichgewichtsproblemen nur die Übungen ihrer Wahl durchführen.

Lebendiges Memo

Darum geht's

Statt Bildkarten aufzudecken, bilden die Schüler beim lebendigen Memo Bewegungspaare, die von zwei Mitschülern im Spiel gegeneinander gefunden und korrekt zugeordnet werden müssen. Die Schüler bewegen sich, sind dabei kreativ, müssen das Spiel aufmerksam verfolgen und werden dadurch aktiviert.

So geht's

Wählen Sie zwei Schüler, die den Raum verlassen. Bitten Sie die anderen Schüler, sich jeweils einen Partner zu suchen. Die Paare sollen sich auf eine Bewegung einigen (z. B. in die Hocke gehen, auf einem Bein stehen, auf der Stelle hüpfen usw.). Anschließend verteilen sich alle im Raum. Die beiden Spieler werden wieder hineingerufen. Sie können nun nacheinander jeweils zwei Schüler auffordern, ihre Bewegung vorzuführen. Bei Übereinstimmung der Bewegungen setzen sich die Schüler auf den Boden und wie beim traditionellen Memo erhält der Spieler einen Punkt und darf nochmals raten. Der Spieler mit den meisten gefundenen Paaren hat das Memo-Spiel gewonnen.

Hinweise

- ✗ Manchmal verläuft die Partnersuche durch Abzählen schneller als das persönliche Zusammenfinden.
- ✗ Sie sollten darauf achten, dass sich die Bewegungen nicht doppeln. Am besten bereiten Sie einige Ideen vor, die Sie ratlosen Schülern vorschlagen können.

Varianten

- ✗ Die Paare einigen sich auf einen gemeinsamen Tierlaut.
- ✗ Die Schüler einigen sich auf bekannte Paare (z. B. Spongebob und Patrick, Beyoncé und Jay-Z, Meghan und Harry) und sagen jeweils ihren Namen.
- ✗ Das Memo-Spiel kann auch fachbezogen umgesetzt werden, z. B. mit Lernvokabeln.

Skulpturen

Darum geht's

Bei dieser Übung spielt zunächst die Bewegung eine Rolle, aber auch die Kreativität der Schüler ist gefordert. Die Schüler lockern sich und fördern gleichzeitig die Gruppendynamik der Klasse.

So geht's

Bilden Sie zwei Schülergruppen, indem Sie die Schüler durchzählen lassen (1 – 2 – 1 – 2 usw.). Dann bewegen sich alle frei im Raum. Nennen Sie laut die Zahl 1. Alle Schüler dieser Gruppe müssen augenblicklich zu einer Statue erstarren. Die Mitglieder der anderen Gruppe dürfen dann die erstarrten Schüler zu Skulpturen formen. Sobald Sie in die Hände klatschen, bewegen sich alle weiter. Spielen Sie das Spiel über mehrere kurze Runden.

Hinweise

✗ Es ist ratsam, vor Spielbeginn gemeinsam zu besprechen, welche Berührungen in Ordnung sind und wie während des Spiels signalisiert werden kann, wenn einem Schüler die Berührung unangenehm ist.

✗ Es ist wichtig, dass die Schüler, die zur Statue werden, locker bleiben und sich führen lassen, und diejenigen, die als Bildhauer tätig werden, nicht zu grob mit ihren Mitschülern umgehen.

Variante

Nachdem die Statuen erstarrt sind, wird ein Gefühl oder eine Tätigkeit genannt, die den Bildhauern als Gestaltungsauftrag dient.

Regenapplaus

Darum geht's

Applaus erhält jemand für eine besondere Leistung. Auch Schüler leisten fast täglich Besonderes. Bei dieser Übung können sie sich dafür selbst belohnen. Das macht nicht nur Spaß und lockert auf, sondern wirkt sich auch positiv auf die Gruppendynamik aus.

So geht's

Loben Sie die Schüler für die Leistung, für die sie einen Applaus verdient haben.

Erläutern Sie anschließend die Übung:

> *„Wir wollen uns heute einmal selbst applaudieren. Aber einfach klatschen kann jeder, deshalb machen wir heute den Regenapplaus. Dabei beginnen wir ganz leise, sodass man kaum etwas hört. Wir werden dann gleichmäßig lauter, klatschen kurz ganz laut und fest und lassen das Klatschen dann langsam wieder abklingen – wie ein vorbeiziehender Regenschauer."*

Probieren Sie den Regenapplaus einige Male hintereinander aus.

Hinweis

Diese Übung soll das Selbstwertgefühl steigern. Sie eignet sich sehr gut als Belohnung nach einer produktiven und arbeitsintensiven Lerneinheit.

Varianten

- **Raketenapplaus:**
  Die Schüler klatschen zunächst, trommeln dann mit den Händen auf den Tisch und stampfen anschließend mit den Füßen auf den Boden. Zum Schluss – wenn die Rakete gestartet ist – werfen alle die Arme in die Höhe und rufen laut „Hurra!".
- **Ameisenapplaus:**
  Mit den Fingerkuppen von links nach rechts über die Tischplatte klopfen. Dabei sollten alle Schüler möglichst den gleichen Rhythmus haben wie in einer Ameisenstraße.
- Teilen Sie die Klasse in zwei Gruppen, die sich abwechselnd gegenseitig applaudieren.
- Üben Sie die Applausformen als Ritual ein, das sie in den Unterricht integrieren, z. B. nach Referaten, Vorträgen und Diskussionen.
- Die Schüler entwickeln in Gruppen weitere Applaus-Formen und geben sie an den Rest der Klasse weiter.

Spiegel

Darum geht's

Spiegel sind vor allem deshalb faszinierend, da sie die einzige Möglichkeit sind, uns selbst wahrzunehmen. Die Kopie im Spiegel ist Grundlage für klassische Motive in Literatur und Film. An diese Faszination knüpft dieses Spiel in gewisser Weise an. Paarweise spiegeln die Schüler die Bewegungen ihres Partners und fördern so ihre Konzentrations- und Reaktionsfähigkeit.

So geht's

Bitten Sie die Schüler, sich in Paaren gegenüberzustellen. Ein Schüler gibt Bewegungen vor, die von seinem Partner, der den Spiegel spielt, möglichst genau imitiert werden müssen. Nach einer Weile werden die Rollen getauscht.

Hinweis

Natürlich können beim Spiegelspiel auch die verrücktesten Grimassen gemacht werden. Das Schlagen, Treten oder sonstige Verletzen des Gegenübers ist selbstverständlich tabu.

Variante

Es wird ein bestimmtes Thema vorgegeben (z. B. Morgentoilette, Schminken, Gefühlsmimik).

Kreatives

53

Papierschlangen

Darum geht's

Bei dieser kreativen Beschäftigung geht es darum, dass die Schüler aus einem Stück Papier eine möglichst lange Schlange formen. Die Schüler trainieren dabei ihre kreative Problemlösekompetenz.

Papier (DIN A3 oder größer, alternativ: einen Bogen Zeitungspapier) für jeden Schüler

So geht's

Jeder Schüler erhält ein großes Blatt Papier oder einen Bogen Zeitungspapier. Erläutern Sie die Aufgabe:

> *„Jeder von euch soll innerhalb der vorgegebenen Zeit aus dem Papier eine möglichst lange Schlange formen. Dabei muss das Papier an einem Stück bleiben, das heißt, ihr dürft keine Stücke abreißen und neu zusammensetzen. Einreißen, zerknüllen und falten sind allerdings erlaubt."*

Geben Sie eine feste Zeit vor, in der alle Schüler fertig sein sollen. Am Ende legen die Schüler ihre Ergebnisse nebeneinander, um den Sieger optisch oder durch Nachmessen zu ermitteln.

Hinweis

Die Aufgabe kann auch in Partnerarbeit gelöst werden.

Variante

In kleinen Gruppen bauen die Schüler mit beliebigen Gegenständen aus dem Klassenraum einen Turm. Es wird eine Zeit vorgegeben. Die Gruppe mit dem höchsten Turm gewinnt den Wettbewerb. Weisen Sie Ihre Schüler darauf hin, dass sie für ihren Turmbau keine Stühle oder Tische verwenden dürfen.

Kritzeleien

Darum geht's

Freies Kritzeln auf Papier fördert den Gedankenfluss und wirkt entspannend. Ganz nebenbei bringen die Schüler unvorhergesehen Kunstwerke aufs Papier, indem sie einfach draufloskritzeln. Das Kritzeln entspannt und aktiviert die Schüler gleichermaßen und bereitet sie so auf neue Inhalte vor.

 kariertes Papier und Stift für jeden Schüler

So geht's

Erläutern Sie den Schülern die Aufgabe wie folgt:

> *„Ich möchte euch jetzt einladen, ein wenig zu kritzeln. Ihr habt das alle schon einmal gemacht. Meist tut man es unbewusst beim Telefonieren oder wenn man wartet. Vielleicht wart ihr manchmal sogar über die Ergebnisse erstaunt. Nehmt euch ein Blatt Papier und Stifte und zeichnet einfach drauflos. Das können unterschiedliche Formen oder Figuren sein, die ihr miteinander verbindet oder ausmalt. Am besten ist es, wenn ihr dies einfach geschehen lasst und nicht viel überlegt. Ihr dürft euch gerne miteinander unterhalten. Viel Spaß dabei!"*

Hinweis

Die kreativen Ergebnisse müssen nicht unbedingt präsentiert werden. Gut eignen sich karierte Blätter zum Ausmalen der Quadrate.

Variante

Mehrere Gruppen erhalten jeweils ein größeres Plakat, das sie gemeinsam „bekritzeln" können. Sie können sich dabei unterhalten und einfach drauflos zeichnen. Die Zeichenarbeit muss nicht fertiggestellt werden und kann bei weiteren Unterrichtslücken fortgeführt werden.

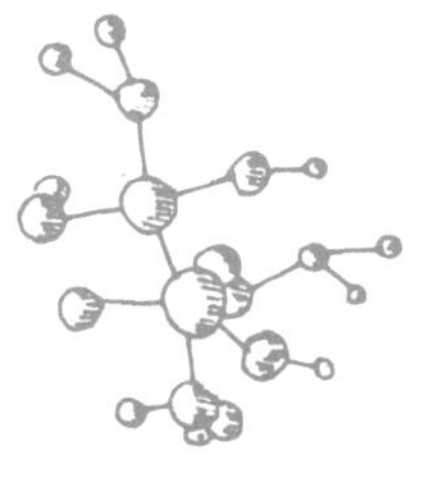

55

Mandalas

Darum geht's

Mandalas sind Zeichnungen, bei denen die Figuren zur Mitte hin symmetrisch angeordnet sind. Solche Muster können auch selbstständig entworfen und gezeichnet werden. Die Schüler werden kreativ, indem sie Mandalas entwickeln. Dies fördert ihre Konzentration und wirkt gleichzeitig entspannend.

 Papier, Stift, Lineal für jeden Schüler, evtl. Zirkel

So geht's

Erarbeiten Sie gemeinsam mit den Schülern in einem kurzen Gespräch, was ein Mandala ist, und erläutern Sie dann die Aufgabe:

„Wir wollen heute kein fertiges Mandala ausmalen, sondern selbst einfache Mandalafiguren entwerfen. Wenn ihr ein Mandala konstruiert, sind folgende Regeln wichtig: Die geometrischen Figuren (z. B.: Quadrate, Dreiecke oder Pfeile) sind symmetrisch angeordnet. Am besten fangt ihr in der Mitte an und malt dort einen Kreis oder ein Quadrat und ordnet die weiteren Figuren rundherum an."

Nun kann jeder seiner Fantasie freien Lauf lassen.

Hinweis

Natürlich werden in der kurzen Zeit die Mandalas nicht fertiggestellt. Die Schüler können sie mitnehmen und zu Hause beenden oder ablegen und bei passender Gelegenheit weiterzeichnen.

Variante

Spannend wird das Projekt, wenn mehrere Gruppen jeweils auf einem großen Plakat mit dem Zeichnen eines Mandalas beginnen. Anschließend kann zwischen den Stunden oder in kurzen Pausen daran weitergezeichnet werden. So entstehen nach und nach schöne Bilder, die natürlich auch bunt ausgemalt werden.

Handfächer

Darum geht's

An heißen Sommertagen leidet oft die Konzentration. Um den Schülern eine kreative Abwechslung zu ermöglichen, die ihnen gleichzeitig zur Abkühlung nutzt, können sie Handfächer basteln.

 DIN-A4-Papier und Büroklammern für jeden Schüler

So geht's

Beschreiben Sie Schritt für Schritt die Gestaltung eines Fächers:

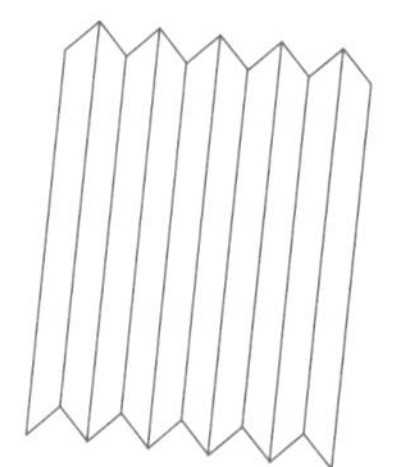

1. ein Blatt Papier quer nehmen und im Abstand von ca. 2–3 cm abwechselnd nach hinten und vorn falten

2. das Blatt nach oben zusammenfalten und das untere Ende mit einer Büroklammer befestigen

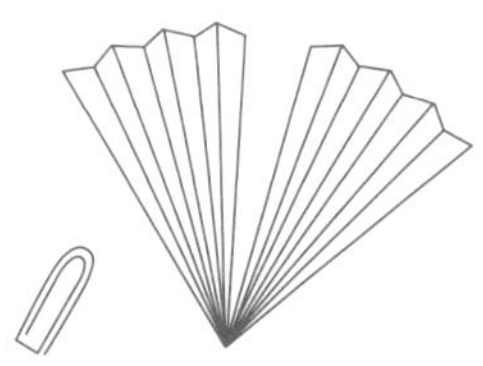

3. den unteren Teil als Grifffläche zusammendrücken

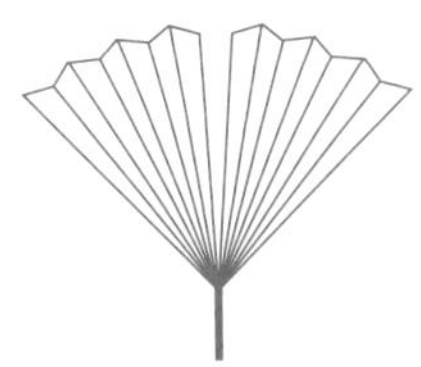

Hinweis

Der unauffällige Einsatz des Fächers im Unterricht sollte natürlich abgesprochen werden.

Variante

Die Schüler entwickeln eigene Designs, die bei Gelegenheit im Rahmen eines konkurrenzlosen Wettbewerbs gewürdigt werden können.

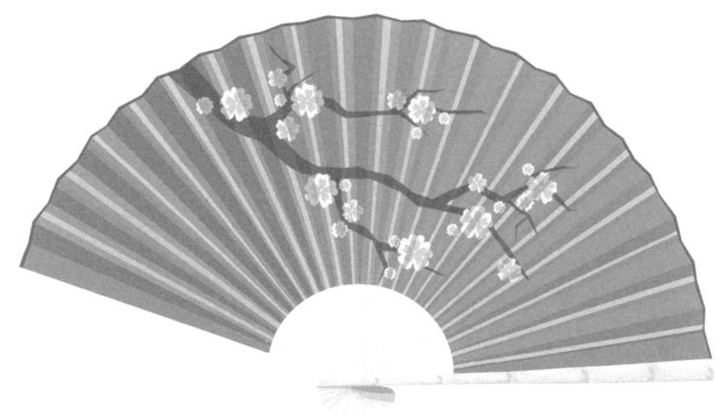

Schulhofgraffiti

Darum geht's

Die Schule ist nicht nur ein Lern-, sondern auch ein Lebensraum. Kleine Zeitfenster im Schulalltag können genutzt werden, um den Schülern ein aktives Gestalten ihrer Umgebung zu ermöglichen. Bei dieser Übung werden die Schüler kreativ, indem sie mit Straßenkreide auf dem Schulhof kleine Zeichnungen anfertigen.

 Kreide für jeden Schüler

So geht's

Für diesen Lückenfüller benötigen Sie ausreichend bunte Kreide. Erläutern Sie die Aufgabe im Klassenraum:

> *„Ihr dürft allein, zu zweit oder in kleinen Gruppen Graffitis auf den Hof malen. Lasst eurer Fantasie freien Lauf!"*

Verteilen Sie die Kreide und gehen Sie anschließend gemeinsam mit den Schülern auf den Schulhof.

Hinweise

- ✗ Falls nicht genügend Kreide im Klassenraum vorhanden ist, können Sie auf dem Weg zum Schulhof beim Hausmeister oder im Schulbüro weitere Kreide besorgen. Die Übung kann natürlich nur bei trockenem Wetter auf trockenem Boden durchgeführt werden.
- ✗ Achten Sie auf die zur Verfügung stehende Zeit. Eventuell können die begonnenen Zeichnungen in den Pausen vollendet werden. Achten Sie darauf, dass die Schüler wieder rechtzeitig im Klassenraum sind.

Papierflieger

Darum geht's

Das Bauen und Ausprobieren von Papierfliegern weckt Kreativität. Die Schüler versuchen, selbst welche zu basteln. Dieser kreative Lückenfüller aktiviert die Schüler für neue Aufgaben.

 DIN-A4-Papier für jeden Schüler

So geht's

Basteln Sie auf die Schnelle aus einem Blatt Papier einen Flieger und werfen Sie diesen in die Luft. Die Schüler werden unterschiedlich reagieren und Ihre Konstruktion anzweifeln. Beschreiben Sie anschließend die Aufgabe:

> *„Wahrscheinlich habt ihr alle viel bessere Ideen, wie man einen guten Papierflieger basteln kann. Aber schafft ihr das auch in kurzer Zeit? Nehmt euch ein DIN-A4-Blatt und faltet in 2 Minuten einen flugfähigen Flieger!"*

Lassen Sie die Flieger gemeinsam oder nacheinander fliegen.

Hinweise

- Achten Sie darauf, dass bei der Zeitvorgabe genügend Zeit zur Präsentation der Ergebnisse bleibt.
- Das wichtigste Kriterium ist nicht, dass die Flieger gut aussehen, sondern dass sie möglichst lange in der Luft bleiben.

Varianten

- Falls buntes Papier zur Verfügung steht, können die Flieger optisch attraktiver gestaltet werden.
- Die Papierflieger werden mit Buntstiften bemalt.
- Es wird großformatiges Papier benutzt (z. B. DIN A3).

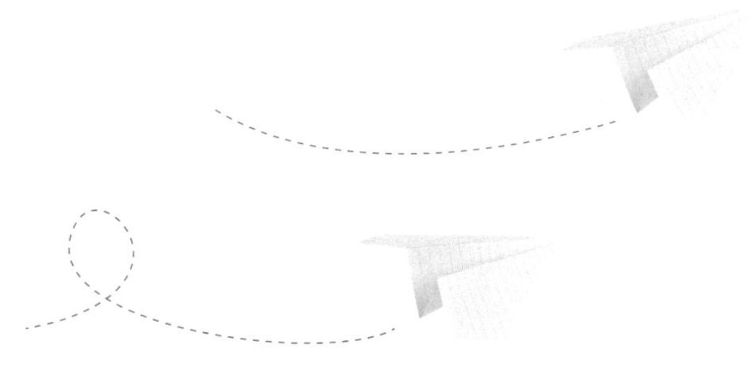

59

Umwege

Darum geht's

In diesem Spiel stehen Kooperation und logisches Denken im Vordergrund. In Gruppen muss eine Zahlenreihe mit Linien strategisch verbunden werden.
Spielerisch versuchen die Schüler, gemeinsam die bestmögliche Lösung für ein Problem zu finden, und schulen auf diese Weise ihr soziales Miteinander.

mehrere unlinierte Blätter Papier für jede Gruppe, Buntstifte in unterschiedlichen Farben

So geht's

Bitten Sie die Schüler, Gruppen mit 4 Teilnehmern zu bilden. Jeder Schüler nimmt sich einen Buntstift mit einer anderen Farbe. Verteilen Sie in jeder Gruppe mehrere Blätter unliniertes Papier. Ein Gruppenmitglied schreibt auf das erste Blatt kreuz und quer die Zahlen von 1 bis 20 und malt um jede Zahl einen Kreis. Erläutern Sie die Aufgabenstellung:

„Die Zahlen auf eurem Blatt müssen in der richtigen Reihenfolge miteinander verbunden werden. Das macht ihr in eurer Gruppe nacheinander in euren jeweiligen Farben. Wenn sich

eure Linien dabei kreuzen, müsst ihr den Kreuzungspunkt markieren. Gewonnen hat am Ende die Gruppe, die insgesamt die wenigsten Kreuzungsstellen hat."

Hinweise

- ✗ Die Zahlen müssen nicht mit geraden Linien verbunden werden.
- ✗ Das Spiel kann in mehreren Runden wiederholt werden und die Schüler können eigene Regeln entwickeln und ergänzen. Die Schüler können ausprobieren, die Zahlen vorher strategisch zu platzieren.
- ✗ Bei größeren Blättern bzw. Plakaten können die Gruppenstärke und der Zahlenumfang erweitert werden.

Varianten

- ✗ Nur gerade Linien sind erlaubt.
- ✗ Bei einer kleineren Lerngruppe kann auch die Tafel genutzt werden, um das Spiel umzusetzen. Dazu ist allerdings ausreichend bunte Kreide notwendig.

Elfchen

Darum geht's

Als Lückenfüller können die Schüler kurze Gedichte nach einem festen Schema verfassen. Die Schüler werden kreativ und entdecken spielerisch die Möglichkeiten von Sprache.

 Papier und Stift für jeden Schüler

So geht's

Erläutern Sie den Aufbau des Elfchens kurz mündlich und notieren Sie die wichtigsten Eigenschaften an der Tafel.
Ein Elfchen besteht aus elf Wörtern und ist immer nach dem gleichen Muster aufgebaut: In der ersten Zeile steht ein Wort, in der zweiten zwei, in der dritten drei und in der vierten vier Wörter. In der fünften Zeile steht dann erneut nur ein Wort.

Hinweis

Die Schüler können die Themen ihrer Gedichte frei wählen oder – falls es sich anbietet – Gedichte verfassen, die zum Thema der Stunde passen.